LOS AÑOS DE ALLENDE

LOS AÑOS DE ALLENDE

CARLOS REYES
RODRIGO ELGUETA

[cómic]

laovejaroja
TIGRE DE PAPER EDICIONS

Título:
Los años de Allende
de Carlos Reyes (guión)
y Rodrigo Elgueta (dibujos)

Primera edición:
Hueders, Santiago de Chile, 2015

La Oveja Roja
C/ Amparo 76
28012 Madrid
www.laovejaroja.es

Impreso en el Estado español

BIC: YFW
ISBN: 978-84-16227-21-1
Depósito Legal: M-10336-2018

Coeditado con Tigre de Paper
Ed. en catalán: Tigre de Paper, 2018

La presente edición de esta obra es el resultado de un trabajo de cooperación entre dos editoriales, La Oveja Roja y Tigre de Paper, decididas a que ese ánimo prevalezca sobre las dinámicas de competencia del mercado.
La present edició d'aquesta obra és el resultat d'un treball de cooperació entre dues editorials, La Oveja Roja i Tigre de Paper, amb entusiasme perquè aquesta iniciativa prevalgui sobre les dinàmiques de competència del mercat.

A Carlos, mi padre, un obrero analfabeto que me llenó de libros e historietas. A Olga, mi madre, que cuando era un niño me leyó pacientemente todo lo que le pedí. A Vicente y Melina, mi grupo de afectuosa contención. Agradezco a Rafael López, Marcelo Mellado, Manuel Vicuña, Mauricio García, Gonzalo Martínez, Claudio Aguilera, al Museo de la Memoria y los Derechos Humanos (especialmente a Walter Roblero) y, sobre todo, al talento de Rodrigo Elgueta. A todos quienes vivieron de cerca los años de Allende. A Salvador Allende.

Carlos Reyes

A mi familia y amigos. Por su apoyo, confianza y paciencia, porque dibujar cómic es un arte demandante y solitario, pero que me hace feliz. Dedico especialmente esta obra a toda esa generación soñadora que imaginó un Chile unido y dueño de su propio destino.

Rodrigo Elgueta

«Quiero señalar ante la historia el hecho trascendental que ustedes han realizado derrotando la soberbia del dinero, la presión y la amenaza, la información deformada, la campaña del terror, de la insidia y la maldad.»

Salvador Allende

1973

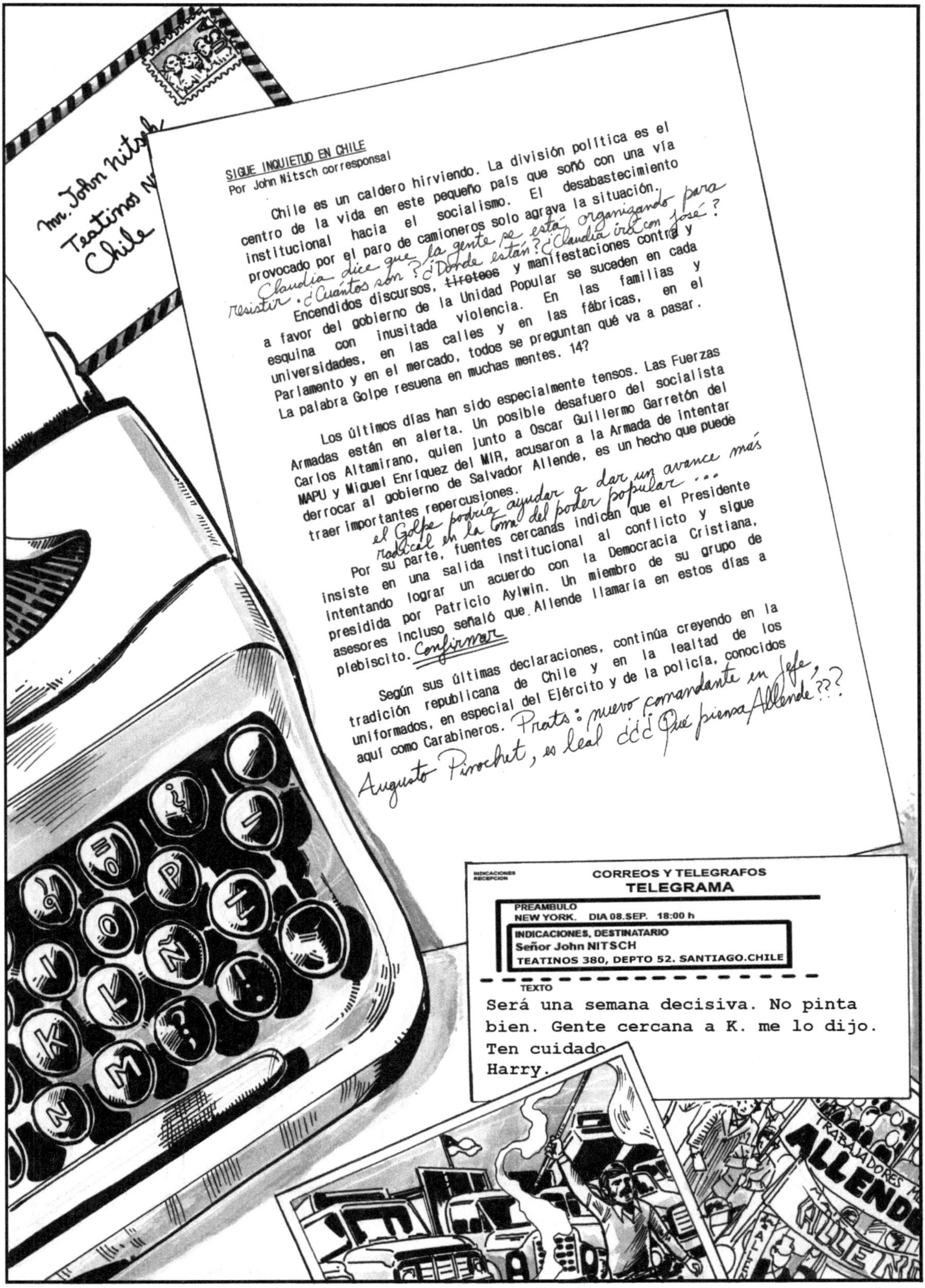
Mr. John
Teatinos
Chile
SIGUE INQUIETUD EN CHILE
Por John Nitsch corresponsal
Chile es un caldero hirviendo. La división política es el centro de la vida en este pequeño país que soñó con una vía institucional hacia el socialismo. El desabastecimiento provocado por el paro de camioneros solo agrava la situación.
Claudia dice que la gente se está organizando para resistir. ¿Cuántos son? ¿Dónde están? ¿Claudia irá con José?
Encendidos discursos, ~~tiroteos~~ y manifestaciones contra y a favor del gobierno de la Unidad Popular se suceden en cada esquina con inusitada violencia. En las familias y universidades, en las calles y en las fábricas, en el Parlamento y en el mercado, todos se preguntan qué va a pasar. La palabra Golpe resuena en muchas mentes. 14?
Los últimos días han sido especialmente tensos. Las Fuerzas Armadas están en alerta. Un posible desafuero del socialista Carlos Altamirano, quien junto a Oscar Guillermo Garretón del MAPU y Miguel Enríquez del MIR, acusaron a la Armada de intentar derrocar al gobierno de Salvador Allende, es un hecho que puede traer importantes repercusiones.
el Golpe podría ayudar a dar un avance más radical en la toma del poder popular...
Por su parte, fuentes cercanas indican que el Presidente insiste en una salida institucional al conflicto y sigue intentando lograr un acuerdo con la Democracia Cristiana, presidida por Patricio Aylwin. Un miembro de su grupo de asesores incluso señaló que Allende llamaría en estos días a plebiscito. Confirmar
Según sus últimas declaraciones, continúa creyendo en la tradición republicana de Chile y en la lealtad de los uniformados, en especial del Ejército y de la policía, conocidos aquí como Carabineros. Prats: nuevo comandante en Jefe, Augusto Pinochet, es leal ¿¿¿Qué piensa Allende???
INDICACIONES RECEPCION
CORREOS Y TELEGRAFOS
TELEGRAMA
PREAMBULO
NEW YORK. DIA 08.SEP. 18:00 h
INDICACIONES, DESTINATARIO
Señor John NITSCH
TEATINOS 380, DEPTO 52. SANTIAGO.CHILE
TEXTO
Será una semana decisiva. No pinta bien. Gente cercana a K. me lo dijo. Ten cuidado
Harry.
TRABAJADORES
ALLENDE

SOY EL PERIODISTA ESTADOUNIDENSE JOHN NITSCH. TENGO 67 AÑOS Y HACE YA 40 FUI ENVIADO A CHILE A CUBRIR EL PROCESO DE SALVADOR ALLENDE. ALLÍ VIVÍ ESTA HISTORIA...
CLAUDIA...
11:30 AM. MARTES 11 DE SEPTIEMBRE DE 1973, SANTIAGO DE CHILE.
CLAUDIA...
... SU TELÉFONO NO FUNCIONABA...
06 AM. VALPARAÍSO.
SE SENTÍA EN EL AMBIENTE...
...NADIE TUVO LA CERTEZA, MUCHO MENOS UN EXTRANJERO COMO YO. MÁS TARDE LOGRÉ ARMAR UNA CRONOLOGÍA DE LOS HECHOS.

CLAUDIA, ESPÉRAME...
06 AM, CALLE SÁNCHEZ FONTECILLA, SANTIAGO. DOMICILIO DEL COMANDANTE RAÚL MONTERO.
EL COMANDANTE EN JEFE DE LA ARMADA CHILENA SE ENTERABA ABRUPTAMENTE DE QUE YA NO ESTABA AL MANDO.
06:30 AM, CALLE TOMÁS MORO, SANTIAGO.
EL PRESIDENTE FUE ALERTADO.
07:40 AM. PALACIO DE GOBIERNO.
TODO SUCEDIÓ COMO EN UNA SECUENCIA CINEMATOGRÁFICA...
CLAUDIA...

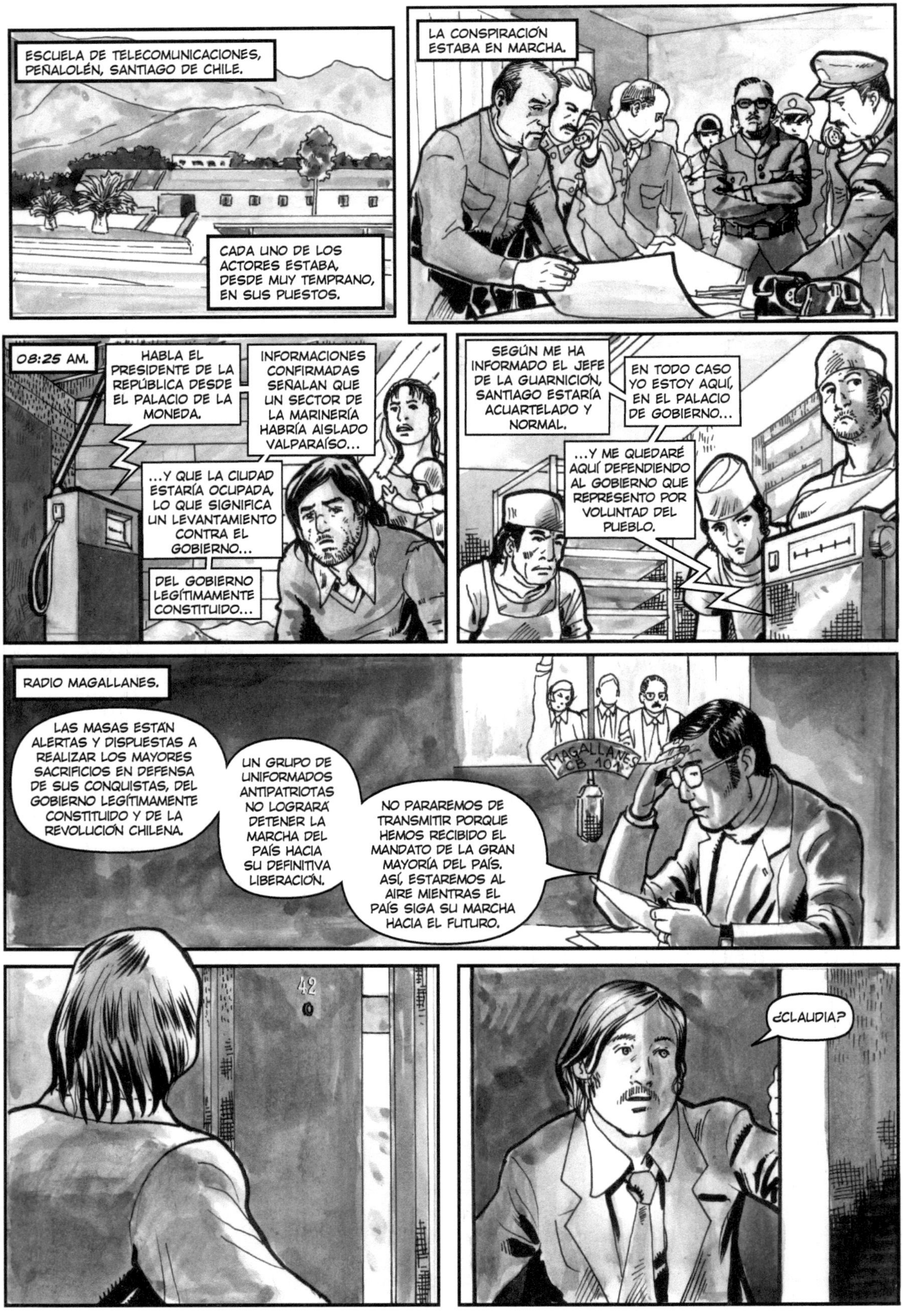
ESCUELA DE TELECOMUNICACIONES, PEÑALOLÉN, SANTIAGO DE CHILE.
CADA UNO DE LOS ACTORES ESTABA, DESDE MUY TEMPRANO, EN SUS PUESTOS.
LA CONSPIRACIÓN ESTABA EN MARCHA.
08:25 AM.
HABLA EL PRESIDENTE DE LA REPÚBLICA DESDE EL PALACIO DE LA MONEDA.
INFORMACIONES CONFIRMADAS SEÑALAN QUE UN SECTOR DE LA MARINERÍA HABRÍA AISLADO VALPARAÍSO...
...Y QUE LA CIUDAD ESTARÍA OCUPADA, LO QUE SIGNIFICA UN LEVANTAMIENTO CONTRA EL GOBIERNO...
DEL GOBIERNO LEGÍTIMAMENTE CONSTITUIDO...
SEGÚN ME HA INFORMADO EL JEFE DE LA GUARNICIÓN, SANTIAGO ESTARÍA ACUARTELADO Y NORMAL.
EN TODO CASO YO ESTOY AQUÍ, EN EL PALACIO DE GOBIERNO...
...Y ME QUEDARÉ AQUÍ DEFENDIENDO AL GOBIERNO QUE REPRESENTO POR VOLUNTAD DEL PUEBLO.
RADIO MAGALLANES.
MAGALLANES CB 101
LAS MASAS ESTÁN ALERTAS Y DISPUESTAS A REALIZAR LOS MAYORES SACRIFICIOS EN DEFENSA DE SUS CONQUISTAS, DEL GOBIERNO LEGÍTIMAMENTE CONSTITUIDO Y DE LA REVOLUCIÓN CHILENA.
UN GRUPO DE UNIFORMADOS ANTIPATRIOTAS NO LOGRARÁ DETENER LA MARCHA DEL PAÍS HACIA SU DEFINITIVA LIBERACIÓN.
NO PARAREMOS DE TRANSMITIR PORQUE HEMOS RECIBIDO EL MANDATO DE LA GRAN MAYORÍA DEL PAÍS. ASÍ, ESTAREMOS AL AIRE MIENTRAS EL PAÍS SIGA SU MARCHA HACIA EL FUTURO.
42
¿CLAUDIA?

CLAUDIA...
RECITAL POPULAR
POR FAVOR...
¡BOOM!
...NO VAYAS A COMETER UNA ESTUPIDEZ...

«Siempre nos queda la posibilidad de que mientras otros escriban la historia nosotros hagamos la historieta.»
Juan Sasturain

«¿Qué sucedió, pues, a lo largo de estos "mil días" de la unidad popular? ¿Es un período tan vergonzoso como para que haya que enterrarlo bajo el silencio? Ciertamente no.»
Pierre Kalfon

«No hay memoria en el pasado, es el pasado hecho presente.»
Héctor Schmucler

1970

JOHN ¿QUÉ SABES DE SUDAMÉRICA?
LAN-CHILE
QUE ES EL PARAÍSO DE LOS GOLPES DE ESTADO Y DE LA GUERRILLA, PERO CONOCIÉNDOTE SÉ QUE ESAS PREGUNTAS SIEMPRE OCULTAN ALGO, HARRY.
EN UN PAR DE SEMANAS ESTARÁS EN CHILE. SERÁS CORRESPONSAL DEL DIARIO.
¿HAY NOTICIAS IMPORTANTES EN EL FIN DEL MUNDO?
AEROPUERTO DE PUDAHUEL, SANTIAGO DE CHILE, FINES DE AGOSTO DE 1970.
CHILE ESTÁ CONCITANDO EL INTERÉS MUNDIAL CON UN EXPERIMENTO POLÍTICO QUE DEBEMOS CUBRIR.
ALLENDE BUSCA LA VÍA CHILENA AL SOCIALISMO POR EL CAMINO ELECTORAL.
RTO
PUDA
Y SI LOGRAN LLEGAR AL GOBIERNO, CRÉEME QUE VAN A PASAR MUCHAS COSAS, Y NO SOLO EN CHILE.
TENEMOS QUE ESTAR AHÍ JOHN.
¿Y BIEN? ¿QUÉ DICES?
TE AGRADEZCO QUE CONFÍES EN MÍ HARRY.
LA LUTTE CONTINUE
¿CUÁNDO PARTO?

CABALLERO, ¿DE DÓNDE ES USTED?
¿PERDÓN? ESTABA DISTRAÍDO...
ES QUE HABLA MUY BIEN CASTELLANO, PERO TIENE UN ACENTO RARO...
SOY ESTADOUNIDENSE, PERO DE NIÑO VIVÍ MUCHOS AÑOS EN PANAMÁ.
CHILE, ERA UN PAÍS DE POCO MÁS DE 7 MILLONES DE HABITANTES. SE VEÍAN MUCHAS "POBLACIONES CALLAMPA", COMO LAS LLAMÓ EL TAXISTA.
PEQUEÑAS POBLACIONES MUY POBRES. NO HABÍA ÁREAS VERDES NI PARQUES. TODO ERA GRIS Y SUCIO.
LA LOCOMOCIÓN COLECTIVA ERA VIEJA Y DESTARTALADA. ERA DIVERTIDO VER CIRCULANDO VIEJOS AUTOS NORTEAMERICANOS DE LOS 50, ALGUNOS INCLUSO MÁS VIEJOS.
AHHH GRINGO. ¿Y QUÉ LO TRAE POR ACÁ?
TRABAJO. SOY PERIODISTA.
ESTÁ VINIENDO MUCHO PERIODISTA POR ACÁ ÚLTIMAMENTE.
POR ALGO SERÁ...
ES POR LA LESERA DE LAS ELECCIONES. AQUÍ LA GENTE SE HA PUESTO MUY POLITIQUERA Y LA POLÍTICA ES SUCIA...
¿Y USTED, QUIÉN CREE QUE GANARÁ LAS ELECCIONES?
P. SOCIALISTA
J.S.
PS
GANE EL QUE GANE ES LO MISMO, HAY QUE TRABAJAR IGUAL. LOS MOMIOS DE ALESSANDRI TIENEN HARTAS POSIBILIDADES.
LA DEMOCRACIA CRISTIANA NOS DESILUSIONÓ. LA ESCASEZ ES TERRIBLE. SUBIÓ LA BENCINA...
TODO ESTÁ MÁS CARO. LA UNIDAD POPULAR Y ALLENDE TIENEN BUENAS INTENCIONES, PERO LOS COMUNISTAS DAN SUSTO.
QUE SE AGARREN A COSCACHOS ENTRE ELLOS NO MÁS Y NOS DEJEN EL PAÍS A LOS QUE TRABAJAMOS.

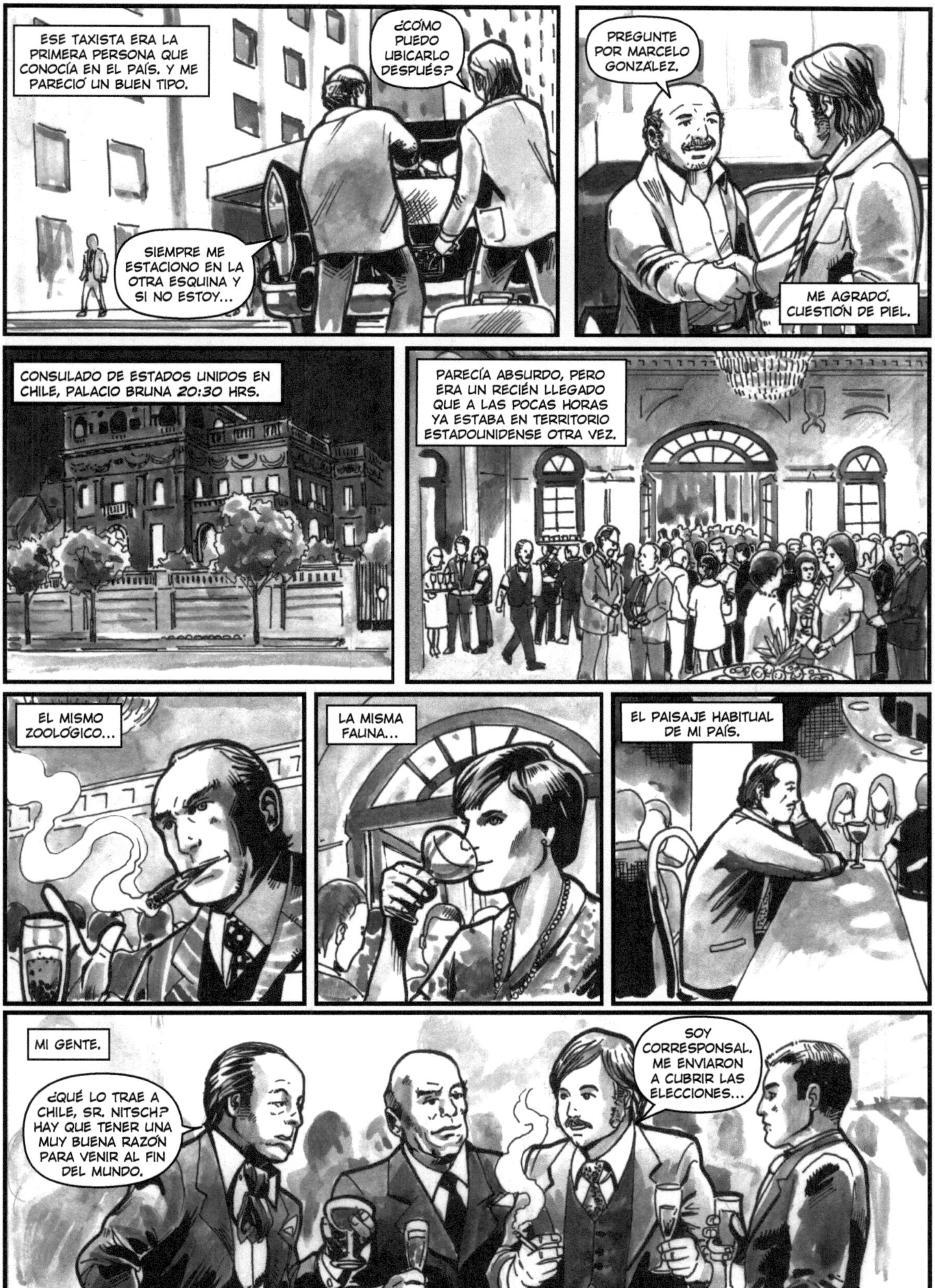
ESE TAXISTA ERA LA PRIMERA PERSONA QUE CONOCÍA EN EL PAÍS. Y ME PARECIÓ UN BUEN TIPO.
¿CÓMO PUEDO UBICARLO DESPUÉS?
SIEMPRE ME ESTACIONO EN LA OTRA ESQUINA Y SI NO ESTOY...
PREGUNTE POR MARCELO GONZÁLEZ.
ME AGRADÓ. CUESTIÓN DE PIEL.
CONSULADO DE ESTADOS UNIDOS EN CHILE, PALACIO BRUNA 20:30 HRS.
PARECÍA ABSURDO, PERO ERA UN RECIÉN LLEGADO QUE A LAS POCAS HORAS YA ESTABA EN TERRITORIO ESTADOUNIDENSE OTRA VEZ.
EL MISMO ZOOLÓGICO...
LA MISMA FAUNA...
EL PAISAJE HABITUAL DE MI PAÍS.
MI GENTE.
¿QUÉ LO TRAE A CHILE, SR. NITSCH? HAY QUE TENER UNA MUY BUENA RAZÓN PARA VENIR AL FIN DEL MUNDO.
SOY CORRESPONSAL. ME ENVIARON A CUBRIR LAS ELECCIONES...

ENTONCES SU ESTANCIA POR AQUÍ VA A SER MUY CORTA.
¿POR QUÉ? ¿NO CREE QUE ALLENDE TENGA POSIBILIDADES DE GANAR?
ESPERO QUE NO.
LA VÍA CHILENA AL SOCIALISMO DE ALLENDE TIENE ADEPTOS...
¡ESE SOCIALISMO A LA CHILENA ES JUSTAMENTE EL PROBLEMA!
¿DE VERDAD CREE ESO DE UN SOCIALISMO SIN ARMAS?
LO QUE MENOS NECESITAMOS ES OTRA CUBA...
¿NO LO CREE ASÍ, SR. EMBAJADOR?
CABALLEROS, NO MOLESTEN AL PERIODISTA, POR FAVOR.
PERO SEÑOR, SON TEMAS IMPOSTERGABLES.
WASHINGTON MIRA A CHILE CON PREOCUPACIÓN, COPPER. NO ES NECESARIO QUE USTED SE PREOCUPE.
SEÑOR EMBAJADOR, ESTO ES GRAVE.
HAY QUE PASAR A LA ACCIÓN.
NO SE PUEDE PERMITIR UN ENCLAVE COMUNISTA EN SUDAMÉRICA.
¡ESTO DE LA VÍA DEMOCRÁTICA ES SOLO UNA ESTRATEGIA PROPAGANDÍSTICA!

CABALLEROS... DEJEMOS QUE EL SEÑOR NITSCH SE FORME UNA OPINIÓN PROPIA DE LA SITUACIÓN CHILENA.
¿ME DISCULPAN?
SÍ, POR SUPUESTO...
SR. NITSCH, UN CONSEJO: NO OLVIDE SUS LEALTADES.
POR LO QUE ESCUCHÉ SOMOS COLEGAS...
MARCEL NEUMANN, CORRESPONSAL DE GUERRA...
JOHN NITSCH... ¿QUÉ HACE UN ROBERT CAPA EN CHILE?
OLFATEANDO... OBSERVANDO...
¿ALGUNA PREDICCIÓN ELECTORAL?
MI TRABAJO EMPIEZA RECIÉN CUANDO LA POLÍTICA HUELE A PÓLVORA.
Y YO YA ESTOY TRABAJANDO DESDE HACE VARIOS DÍAS. NO SÉ SI ME EXPLICO.
¿CREE QUE LA UNIDAD POPULAR TENGA UNA CHANCE?
TAL VEZ...
HAY MUCHOS INTERESES EN JUEGO. UN INCIPIENTE PROCESO REVOLUCIONARIO POR UNA PARTE Y UNA BURGUESÍA DIVIDIDA Y ASUSTADA, POR OTRA.
MIRA ESA REUNIÓN INFORMAL DE ALLÁ.
CUANDO LOS GRANDES CONGLOMERADOS ECONÓMICOS DE EMPRESAS COMO LA ITT Y LA ANACONDA VEN AFECTADOS SUS INTERESES... TODO PUEDE PASAR...
SUENA DESENCANTADO NEUMANN.

A MI EDAD NO PUEDO DARME EL LUJO DE SER INGENUO.
LA GUERRA FRÍA DIVIDE AL MUNDO Y LO QUE PASE AQUÍ PROVOCARÁ UN DESEQUILIBRIO ESTRATÉGICO.
QUE NO TE EXTRAÑE SI TE ACUSAN DE AGENTE DE LA CIA. ACÁ TODOS LOS GRINGOS LO SOMOS.
POR ESO TUS AMIGUITOS DE ALLÁ ESTÁN TAN INQUIETOS.
HAY MUCHO TEMOR DE LO QUE PUEDA PASAR EL 4 DE SEPTIEMBRE.
ESTÁN PIDIENDO A GRITOS QUE ESTADOS UNIDOS INTERVENGA.
¿Y TÚ CREES QUE ESTADOS UNIDOS INTERVENDRÁ?
QUIÉN SABE, PERO OTRA CUBA RESULTA INACEPTABLE, AUNQUE SEA POR LA VÍA DEMOCRÁTICA.
LOS MILITARES SON UNA CAJA DE SORPRESAS, JOHN. EN EL 69 CHILE TUVO UN INTENTO DE GOLPE DE ESTADO, EL TACNAZO...
SÍ. LEÍ SOBRE ESO. UN TAL GENERAL VIAUX SE ACUARTELÓ EN EL REGIMIENTO TACNA DE SANTIAGO PARA EXIGIR MEJORAS ECONÓMICAS PARA EL EJÉRCITO.
NOS HAN HECHO CREER QUE LOS MILITARES SON APOLÍTICOS Y RESPETUOSOS DE LA CONSTITUCIÓN.
MI EXPERIENCIA DICE OTRA COSA.
EN FIN, LA VIDA HAY QUE VIVIRLA SIN TOMÁRSELA TAN EN SERIO. ES BUENO BRINDAR CON UNOS TRAGOS Y RELAJARSE...
NO OLVIDES QUE NUNCA DEBES CONFIAR EN EXTRAÑOS PASADOS DE COPAS...
...Y MENOS SI TE HABLAN DE POLÍTICA Y CONSPIRACIONES.
Y OTRA COSA, CUIDADO CON EL PISCO CON LIMÓN.
ES MUCHO MEJOR QUE CON COCA COLA.

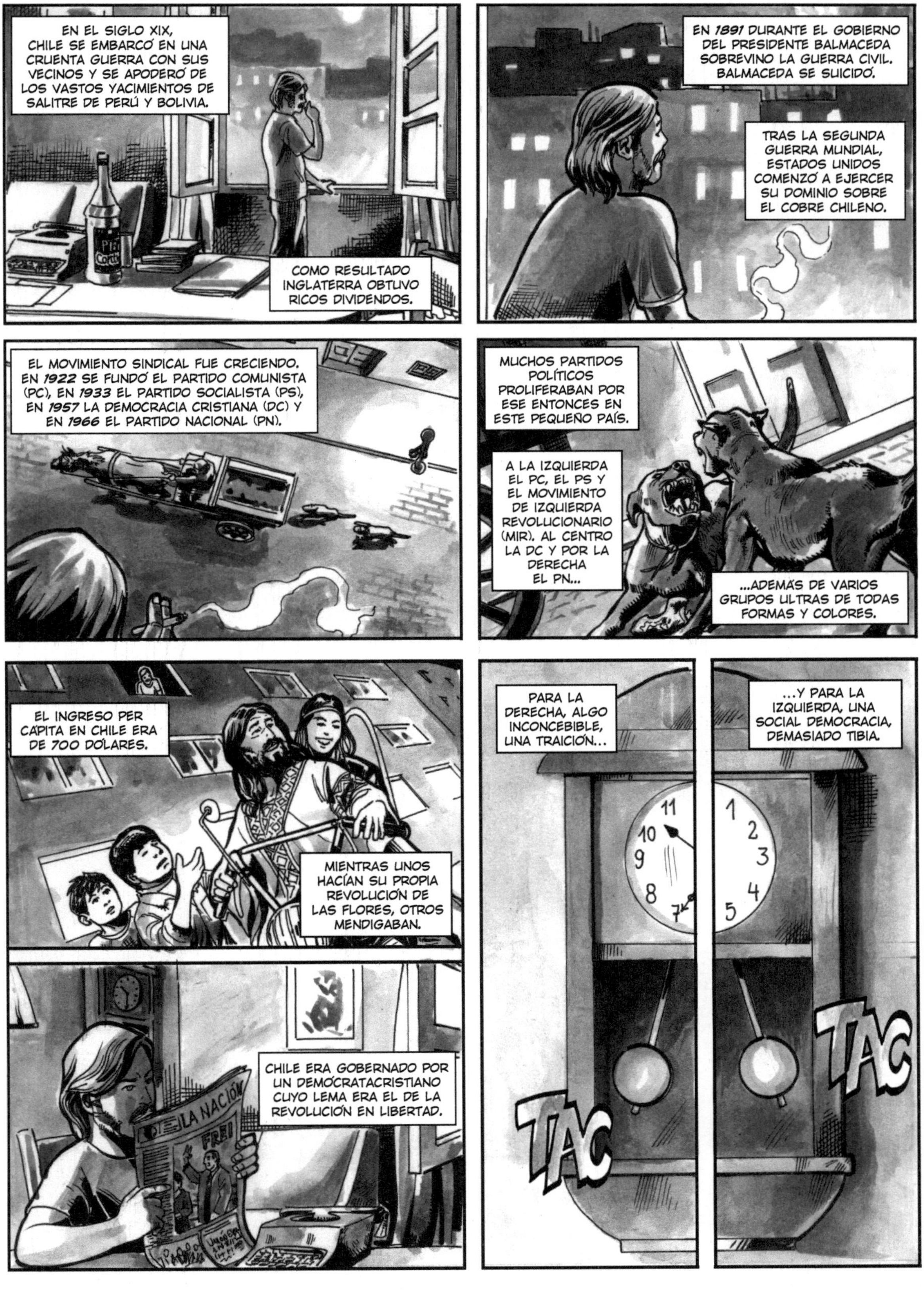
EN EL SIGLO XIX, CHILE SE EMBARCÓ EN UNA CRUENTA GUERRA CON SUS VECINOS Y SE APODERÓ DE LOS VASTOS YACIMIENTOS DE SALITRE DE PERÚ Y BOLIVIA.
COMO RESULTADO INGLATERRA OBTUVO RICOS DIVIDENDOS.
EN 1891 DURANTE EL GOBIERNO DEL PRESIDENTE BALMACEDA SOBREVINO LA GUERRA CIVIL. BALMACEDA SE SUICIDÓ.
TRAS LA SEGUNDA GUERRA MUNDIAL, ESTADOS UNIDOS COMENZÓ A EJERCER SU DOMINIO SOBRE EL COBRE CHILENO.
EL MOVIMIENTO SINDICAL FUE CRECIENDO. EN 1922 SE FUNDÓ EL PARTIDO COMUNISTA (PC), EN 1933 EL PARTIDO SOCIALISTA (PS), EN 1957 LA DEMOCRACIA CRISTIANA (DC) Y EN 1966 EL PARTIDO NACIONAL (PN).
MUCHOS PARTIDOS POLÍTICOS PROLIFERABAN POR ESE ENTONCES EN ESTE PEQUEÑO PAÍS.
A LA IZQUIERDA EL PC, EL PS Y EL MOVIMIENTO DE IZQUIERDA REVOLUCIONARIO (MIR). AL CENTRO LA DC Y POR LA DERECHA EL PN...
...ADEMÁS DE VARIOS GRUPOS ULTRAS DE TODAS FORMAS Y COLORES.
EL INGRESO PER CÁPITA EN CHILE ERA DE 700 DÓLARES.
MIENTRAS UNOS HACÍAN SU PROPIA REVOLUCIÓN DE LAS FLORES, OTROS MENDIGABAN.
CHILE ERA GOBERNADO POR UN DEMÓCRATACRISTIANO CUYO LEMA ERA EL DE LA REVOLUCIÓN EN LIBERTAD.
LA NACIÓN
FREI
PARA LA DERECHA, ALGO INCONCEBIBLE, UNA TRAICIÓN...
...Y PARA LA IZQUIERDA, UNA SOCIAL DEMOCRACIA, DEMASIADO TIBIA.
TAC
TAC

LA ELECCIÓN PRESIDENCIAL DE 1970 EN CHILE, ERA LA MÁS IMPORTANTE DE LA HISTORIA DEL PAÍS.
EL SILLÓN PRESIDENCIAL SE LO DISPUTABAN JORGE ALESSANDRI, EX-PRESIDENTE, HIJO DE UN CAUDILLO DE LA DERECHA CHILENA QUE FUE PRESIDENTE DE CHILE Y GESTOR DE LA CONSTITUCIÓN QUE REGÍA EL PAÍS.
SALVADOR ALLENDE, DE IZQUIERDA, PRESIDENTE DEL SENADO, CANDIDATO A LA PRESIDENCIA EN TRES OCASIONES. PROMETÍA UNA INÉDITA VÍA DEMOCRÁTICA AL SOCIALISMO.
EN SU PROPIO PARTIDO LE DECÍAN EL PIJE POR SUS COSTUMBRES BURGUESAS.
Y FINALMENTE RADOMIRO TOMIC. DEMÓCRATA CRISTIANO PROGRESISTA, LA CONTINUIDAD DEL GOBIERNO DE FREI.
EL PANORAMA POLÍTICO SE HABÍA RADICALIZADO Y EL ACENTO SE PONÍA EN LOS CAMBIOS PROFUNDOS.
HABÍA UNA GRAN PASIÓN POR LA POLÍTICA. TODOS QUERÍAN PARTICIPAR.
EL PROBLEMA ERA LA POLARIZACIÓN. TODO ERA BLANCO O NEGRO. NO HABÍA DIÁLOGO, NADIE SE ESCUCHABA.
AHORRO Y PRESTAMO
CINE
ERA IMPOSIBLE IMAGINAR A DÓNDE IBA A TERMINAR TODO ESO ...
SOLO SABÍA QUE SE ESTABA PONIENDO INTERESANTE...

¡HOLA MARCELO!
¡GRINGO! ¡QUÉ SORPRESA!
¿ME ACOMPAÑARÍAS A UN LUGAR QUE ME RECOMENDARON?
EL BIM BAM BUM, ME IMAGINO.
NO. VAMOS A CARMEN 340.
¿SABES LLEGAR? SE LLAMA LA PEÑA DE LOS PARRA.
QUÉ CARAY APENAS GRITAN QUE HAY METAL EN EL POTRERO, VIENE EL GRINGO DESDE EL NORTE, LO SACA Y DEJA EL A'UJERO...
QUÉ CARAY APENAS GRITO QUE ME SIENTO LIBERTARIO, ME CAMBIAN LA VESTIMENTA POR UNA DE PRESIDIARIO...
ESA FUE "YA NO SOMOS NOSOTROS", DE PATO MANNS, DEDICADA A LAS LUCHAS LIBERTARIAS DEL PUEBLO MAPUCHE.
ISABEL Y YO NOS VAMOS UN RATITO, PERO NO SE PREOCUPEN... LA FIESTA SIGUE ¡SALUD!
¿TE GUSTA ESTA MÚSICA?
YO PREFIERO LA MÚSICA ROMÁNTICA, PERO NO ESTÁ MAL LA PROTESTA.
LE HICIERON UNA CRÍTICA EN LA CANCIÓN ¿LO NOTÓ?
SÍ, PERO ME GUSTA, NO ME LO TOMO PERSONAL. PARECE UNA MÚSICA TAN, TAN...
¿COMBATIVA, COMPAÑERO?
JÁJAJA... NO SÉ...
JOSÉ, NO MOLESTES AL GRINGO...
¿GRINGO? YO PENSÉ QUE...
EQUIVOCADO. MIRA SU ROPA Y ESE EXTRAÑO ACENTO.
¿VIENES A AVIVARNOS LA CUECA DE LA UNIDAD POPULAR?
NO ENTIENDO...
VEN ACÁ. YO TE VOY MOSTRAR LO QUE ES CUECA...
NO SÉ BAILAR ESTO...
ZAPATEANDO SE APRENDE...

ASÍ QUE PERIODISTA...
ESPERO, COMPAÑERO, QUE DÉ CUENTA DE LA REALIDAD, DE LO QUE AQUÍ ESTÁ PASANDO...
SOLO HARÉ MI TRABAJO.
¿QUÉ SIGNIFICA ESO?
CABROS... DEJEN QUE EL GRINGO SE INSTALE. NO LE PIDAN TANTO.
ES PERIODISTA, NO TURISTA, SE SUPONE QUE ES ALGUIEN INFORMADO...

...ALGUIEN QUE CUANDO SE EMPAPE DEL PROYECTO DE LA UNIDAD POPULAR, NO LE VA A QUEDAR OTRA QUE APOYARNOS...
DEBO SER OBJETIVO...
¿OBJETIVO? ¿CÓMO EN VIETNAM? ¿CÓMO EN CUBA? ¡UNA MIERDA!
OIGAN... LAS COSAS NO SON TAN SIMPLES...
AQUÍ HAY DOS VISIONES DE MUNDO CONTRAPUESTAS QUE SON UNA CLARA EXPRESIÓN DE LA LUCHA DE CLASES.
ES UN ENFRENTAMIENTO DIRECTO Y VAMOS A COMBATIR HASTA LAS ÚLTIMAS CONSECUENCIAS...
VAMOS A TRABAJAR DURO PARA GANARLE A LOS MOMIOS.
SE VAN TENER QUE TRAGAR TODA SU MIERDA PORQUE VAMOS A VOLARLES LA RAJA POR MÁS DEL 40%, ¿O NO COMPAÑEROS?
JOSÉ Y CLAUDIA ERAN JÓVENES IDEALISTAS, ALEGRES, APASIONADOS, PERO DE UN MODO SIMILAR AL QUE HABÍA PERCIBIDO EN LA FIESTA DEL CONSULADO: EN UNA ESCALADA HACIA UN PELIGROSO MUNDO EN BLANCO Y NEGRO.

EL 3 DE SEPTIEMBRE DE 1970, EN VÍSPERAS DE LAS ELECCIONES, TRAS UNAS ENCONADAS CAMPAÑAS, LA PRENSA LOCAL ASEGURABA QUE EL PAÍS ESTABA EN CALMA. ERA LO QUE SE ESPERABA QUE DIJERA.
LAS ENCUESTAS ARROJABAN RESULTADOS TAN DISTINTOS QUE NO HACÍAN MÁS QUE CONFUNDIR A LOS ELECTORES.
LA ENCUESTA GALLUP DEL 1 DE SEPTIEMBRE, DABA LA VICTORIA A ALESSANDRI CON UN 41,5%, SOBRE UN 29% DE TOMIC Y APENAS UN 28% PARA ALLENDE.
LOS ÁNIMOS ESTABAN ENGAÑOSAMENTE CALMOS.
TRIUNFO POPULAR
TOMIC TRIUNFO POPULAR
TOMIC TRIUNFO POPULAR
TOMIC TRIUNFO POPULAR
LA TENSIÓN SE PODÍA SENTIR EN LA CALLE.
CHILE LLAMA A JORGE ALESSANDRI
POR TI VENCEREMOS CON ALLENDE
UP
LUIS CORVALÁN, SECRETARIO GENERAL DEL PARTIDO COMUNISTA.
GANAREMOS. EL TRIUNFO HAY QUE DEFENDERLO DISCIPLINADAMENTE.
SERGIO ONOFRE JARPA, PRESIDENTE DEL PARTIDO NACIONAL.
USAN LOS MISMOS MÉTODOS, HABLAN EL MISMO LENGUAJE, EN SUMA, DA LO MISMO VOTAR POR ALLENDE QUE VOTAR POR TOMIC.
BENJAMÍN PRADO, PRESIDENTE DEL PARTIDO DEMÓCRATA CRISTIANO.
SOLO TOMIC ASEGURA LA SUBSISTENCIA DE LOS VALORES DEL PUEBLO CHILENO.

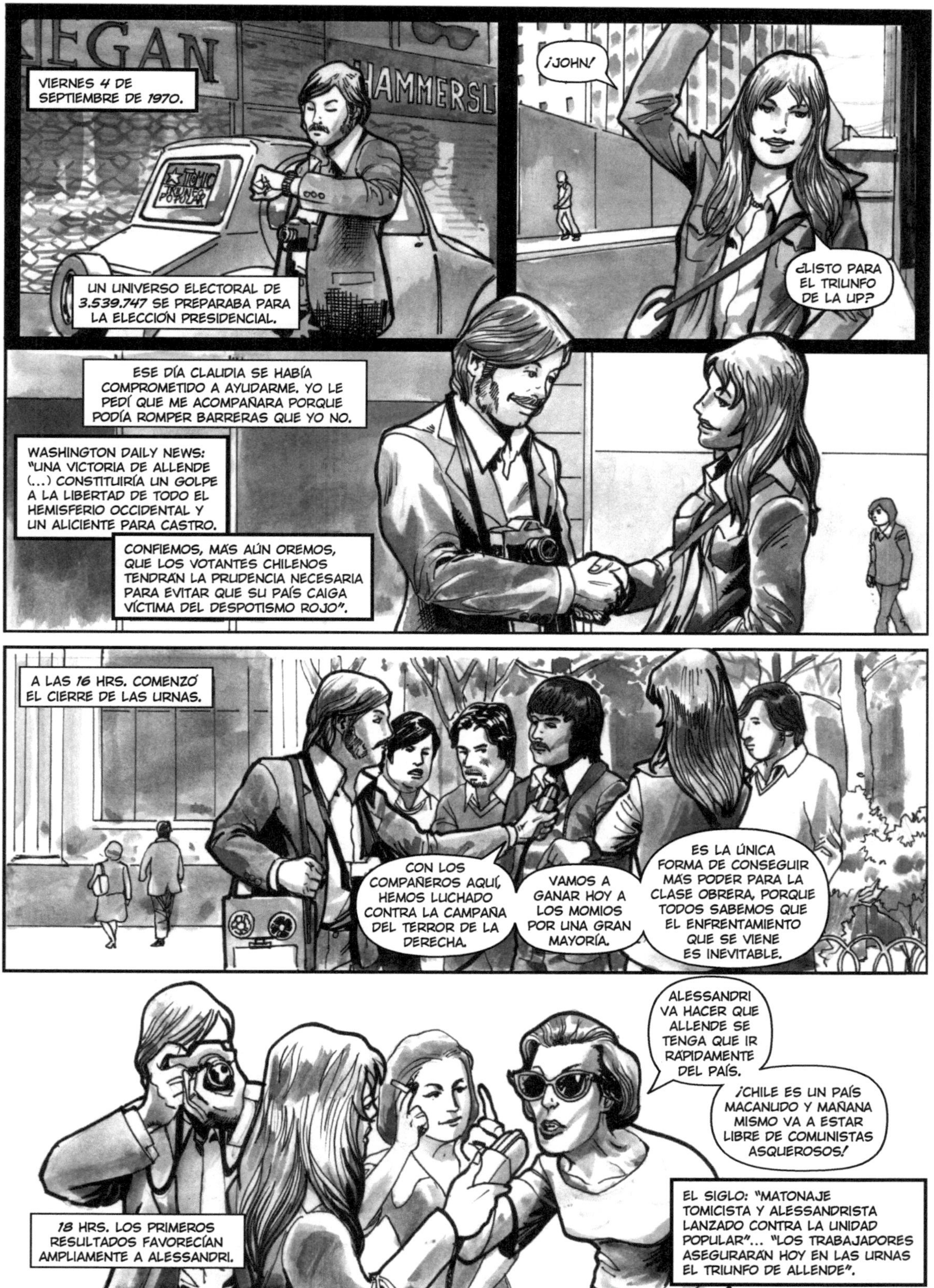
VIERNES 4 DE SEPTIEMBRE DE 1970.
¡JOHN!
UN UNIVERSO ELECTORAL DE 3.539.747 SE PREPARABA PARA LA ELECCIÓN PRESIDENCIAL.
¿LISTO PARA EL TRIUNFO DE LA UP?
ESE DÍA CLAUDIA SE HABÍA COMPROMETIDO A AYUDARME. YO LE PEDÍ QUE ME ACOMPAÑARA PORQUE PODÍA ROMPER BARRERAS QUE YO NO.
WASHINGTON DAILY NEWS: "UNA VICTORIA DE ALLENDE (...) CONSTITUIRÍA UN GOLPE A LA LIBERTAD DE TODO EL HEMISFERIO OCCIDENTAL Y UN ALICIENTE PARA CASTRO.
CONFIEMOS, MÁS AÚN OREMOS, QUE LOS VOTANTES CHILENOS TENDRÁN LA PRUDENCIA NECESARIA PARA EVITAR QUE SU PAÍS CAIGA VÍCTIMA DEL DESPOTISMO ROJO".
A LAS 16 HRS. COMENZÓ EL CIERRE DE LAS URNAS.
CON LOS COMPAÑEROS AQUÍ, HEMOS LUCHADO CONTRA LA CAMPAÑA DEL TERROR DE LA DERECHA.
VAMOS A GANAR HOY A LOS MOMIOS POR UNA GRAN MAYORÍA.
ES LA ÚNICA FORMA DE CONSEGUIR MÁS PODER PARA LA CLASE OBRERA, PORQUE TODOS SABEMOS QUE EL ENFRENTAMIENTO QUE SE VIENE ES INEVITABLE.
ALESSANDRI VA HACER QUE ALLENDE SE TENGA QUE IR RÁPIDAMENTE DEL PAÍS.
¡CHILE ES UN PAÍS MACANUDO Y MAÑANA MISMO VA A ESTAR LIBRE DE COMUNISTAS ASQUEROSOS!
18 HRS. LOS PRIMEROS RESULTADOS FAVORECÍAN AMPLIAMENTE A ALESSANDRI.
EL SIGLO: "MATONAJE TOMICISTA Y ALESSANDRISTA LANZADO CONTRA LA UNIDAD POPULAR"... "LOS TRABAJADORES ASEGURARÁN HOY EN LAS URNAS EL TRIUNFO DE ALLENDE".

21 HRS. AGENCIA EFE, SANTIAGO DE CHILE.
ESA TARDE CLAUDIA SE REUNIÓ CON SUS CAMARADAS Y YO CON LOS MÍOS.
ÉRAMOS VARIOS LOS PERIODISTAS QUE COMPARTÍAMOS LA INFORMACIÓN QUE LLEGABA MINUTO A MINUTO DESDE EL GOBIERNO.
LA EXPECTACIÓN ERA TAN GRANDE QUE APENAS HABÍA TIEMPO Y GANAS PARA UNA TAZA DE CAFÉ O UN VASO DE PISCO PARA MANTENERNOS ACTIVOS.
HASTA QUE ESCUCHAMOS EL TERCER COMUNICADO DEL MINISTERIO DEL INTERIOR.
ALLENDE AVENTAJABA ESTRECHAMENTE A ALESSANDRI.
ERA HORA DE VOLVER A LA CALLE.
A MEDIDA QUE EL DÍA AVANZABA, EL DESCONCIERTO Y EL PESIMISMO DE LA DERECHA SE HACÍA EVIDENTE.
LA ARROGANCIA TRIUNFANTE DEL DÍA ANTERIOR SE IBA DESVANECIENDO.
A ESO DE LAS 10 DE LA NOCHE, RADOMIRO TOMIC ADMITIÓ PÚBLICAMENTE SU DERROTA. MÁS TARDE, ALLENDISTAS Y TOMICISTAS SE UNIRÍAN EN LA CELEBRACIÓN.
LA PATRIA SIGUE Y LA TAREA CONTINÚA. VOLVERÁ A DESPUNTAR EL ALBA SOBRE CHILE.
PARA DESPEDIRNOS EN ESTA HORA POR UN MOMENTO, PORQUE LA DESPEDIDA ES PARA SEGUIR MAÑANA EN LO QUE ESTAMOS EMPEÑADOS, LES DIGO:
"NI UN PASO ATRÁS, CIEN PASOS HACIA DELANTE."
4 DE SEPTIEMBRE. 23 HRS.
¡LA IZQUIERDA, UNIDA JAMÁS SERÁ VENCIDA!
¡TRABAJADORES AL PODER!
LA TENSIÓN SEGUÍA EN AUMENTO. LA VICTORIA DE ALLENDE ERA INMINENTE, PERO NO ERA RECONOCIDA.
A PESAR DE ESO, LOS ALLENDISTAS COMENZARON A SALIR EN MASA A CELEBRAR A LAS CALLES.

A LA 1 DE LA MADRUGADA DEL 5 DE SEPTIEMBRE DE 1970 YA ERA OFICIAL.
LA UNIDAD POPULAR HABÍA TRIUNFADO POR 34 MIL VOTOS DE DIFERENCIA.
ALLENDE OBTUVO 1.070.334 VOTOS (36,22%).
LE SIGUIÓ ALESSANDRI CON 1.031.159 VOTOS (34,89%).
Y MÁS ATRÁS TOMIC CON 821.801 VOTOS (27,81%).
FUE UNA FIESTA INMEDIATA.
¡U-PÉ! ¡U-PÉ!
¡ALLENDE, ALLENDE!
¡EL PUEBLO TE DEFIENDE!
2 DE LA MADRUGADA, 5 DE SEPTIEMBRE DE 1970.
SOY TAN SOLO UN HOMBRE, CON TODAS LAS FLAQUEZAS Y DEBILIDADES QUE TIENE UN HOMBRE, Y SI PUDE SOPORTAR, PORQUE CUMPLÍA UNA TAREA, LA DERROTA DE AYER...
...HOY SIN SOBERBIA Y SIN ESPÍRITU DE VENGANZA, ACEPTO ESTE TRIUNFO QUE NADA TIENE DE PERSONAL...
...Y QUE SE LO DEBO A LA UNIDAD DE LOS PARTIDOS POPULARES, A LAS FUERZAS SOCIALES QUE HAN ESTADO JUNTO A NOSOTROS.
SE LO DEBO AL HOMBRE ANÓNIMO Y SACRIFICADO DE LA PATRIA, A LA HUMILDE MUJER DE NUESTRA TIERRA.
SEDE DE LA FEDERACIÓN DE ESTUDIANTES DE LA UNIVERSIDAD DE CHILE EN LA ALAMEDA.
LE DEBO ESTE TRIUNFO AL PUEBLO DE CHILE, QUE ENTRARÁ CONMIGO A LA MONEDA EL 4 DE NOVIEMBRE.
RESPETARÉ LOS DERECHOS DE TODOS LOS CHILENOS. PERO TAMBIÉN DECLARO Y QUIERO QUE LO SEPAN DEFINITIVAMENTE...
...QUE AL LLEGAR A LA MONEDA, CUMPLIREMOS EL COMPROMISO HISTÓRICO QUE HEMOS CONTRAÍDO...
...DE CONVERTIR EN REALIDAD EL PROGRAMA DE LA UNIDAD POPULAR.
SI LA VICTORIA NO ERA FÁCIL, DIFÍCIL SERÁ CONSOLIDAR NUESTRO TRIUNFO Y CONSTRUIR LA NUEVA SOCIEDAD.
HEMOS TRIUNFADO PARA DERROCAR DEFINITIVAMENTE LA EXPLOTACIÓN IMPERIALISTA, PARA TERMINAR CON LOS MONOPOLIOS...
...PARA HACER UNA PROFUNDA REFORMA AGRARIA, PARA CONTROLAR EL COMERCIO DE EXPORTACIÓN E IMPORTACIÓN, PARA NACIONALIZAR.
LO HE DICHO: MI ÚNICO ANHELO ES SER PARA USTEDES EL COMPAÑERO PRESIDENTE.
SOLO QUIERO SEÑALAR ANTE LA HISTORIA, EL HECHO TRASCENDENTAL QUE USTEDES HAN REALIZADO DERROTANDO LA SOBERBIA DEL DINERO, LA PRESIÓN Y LA AMENAZA...
...LA INFORMACIÓN DEFORMADA, LA CAMPAÑA DEL TERROR, DE LA INSIDIA Y LA MALDAD.
USTEDES SE RETIRARÁN A SUS CASAS...
...SIN QUE HAYA EL MENOR ASOMO DE UNA PROVOCACIÓN Y SIN DEJARSE PROVOCAR.

Y AQUÉLLOS QUE DIJERON QUE EL DÍA DE MAÑANA LOS DISTURBIOS IBAN A CARACTERIZAR NUESTRA VICTORIA...
...SE ENCONTRARÁN CON LA CONCIENCIA Y LA RESPONSABILIDAD DE USTEDES.
IRÁN A SUS TRABAJOS, MAÑANA O EL LUNES, ALEGRES Y CANTANDO.
EL PUEBLO, ESTE FIN DE SEMANA, TOMARÁ POR EL TALLE A LA PATRIA Y BAILAREMOS DESDE ARICA A MAGALLANES...
...Y DESDE LA CORDILLERA AL MAR, UNA GRAN CUECA, COMO SÍMBOLO DE LA ALEGRÍA SANA DE NUESTRA VIDA.
QUIERO DESTACAR QUE NUESTROS ADVERSARIOS DE LA DEMOCRACIA CRISTIANA HAN RECONOCIDO EN UNA DECLARACIÓN LA VICTORIA POPULAR.
NO LE VAMOS A PEDIR A LA DERECHA QUE LO HAGA. NO LO NECESITAMOS.
NO TENEMOS NINGÚN ÁNIMO PEQUEÑO EN CONTRA DE ELLA.
PERO ELLA NO SERÁ JAMÁS CAPAZ DE RECONOCER LA GRANDEZA QUE TIENE EL PUEBLO EN SUS LUCHAS, NACIDA DE SU DOLOR Y DE SU ESPERANZA.
ESTA NOCHE, CUANDO ACARICIEN A SUS HIJOS, CUANDO BUSQUEN EL DESCANSO, PIENSEN EN EL MAÑANA DURO QUE TENDREMOS POR DELANTE.
GRACIAS, GRACIAS, COMPAÑERAS. GRACIAS, COMPAÑEROS. LO MEJOR QUE TENGO ME LO DIO MI PARTIDO, LA UNIDAD DE LOS TRABAJADORES Y LA UNIDAD POPULAR.
A LA LEALTAD DE USTEDES, RESPONDERÉ CON LA LEALTAD DE UN GOBERNANTE DEL PUEBLO...
...CON LA LEALTAD DEL COMPAÑERO PRESIDENTE.

MIENTRAS LOS ADHERENTES DE LA UP CELEBRABAN HASTA ALTAS HORAS DE LA MADRUGADA EN EL CENTRO, EN EL "BARRIO ALTO", LA ZONA MÁS PRÓSPERA DE LA CIUDAD DE SANTIAGO, CORRÍA EL RUMOR DE QUE HORDAS IZQUIERDISTAS SAQUEARÍAN SUS CASAS.
NADA DE ESO SUCEDIÓ, PERO ESA MISMA NOCHE, ALGUNOS, LOS MÁS ASUSTADOS, HICIERON SUS MALETAS PARA ESCAPAR DEL PAÍS.
EN POCAS HORAS, LA DERECHA CHILENA PASABA DE LA EUFORIA TRIUNFALISTA AL PÁNICO.
ESA NOCHE Y HASTA EL 4 DE NOVIEMBRE, POR TEMAS DE SEGURIDAD, ALLENDE NO DORMIRÍA EN SU CASA DE GUARDIA VIEJA EN PROVIDENCIA.
EL MERCURIO
ALLENDE: MA
1.075.616
1.036.278
824.849
HABÍA RECIBIDO NUMEROSAS AMENAZAS DE MUERTE. EL PRESIDENTE IBA ARMADO.
"... LA EXPERIENCIA CHILENA (...) SURGE COMO INSÓLITA Y CASI INÉDITA EN TODO EL MUNDO. TIENE, PUES, UNA TRASCENDENCIA QUE EXCEDE LOS MARCOS LOCALES, Y QUE, DESDE HOY, ESTÁ GOLPEANDO EN TODOS LOS PAÍSES", 5 DE SEPT., 1970, LAS NOTICIAS DE ÚLTIMA HORA.
ALLENDE
PRESIDENTE DE CHILE
pueblo celebró el triunfo en las calle
"CHILE CAMBIÓ SU DESTINO ESTE CUATRO DE SEPTIEMBRE DE 1970 Y SOLO DIOS SABRÁ LAS CONSECUENCIAS DE ESTA DECISIÓN", CLARÍN, BUENOS AIRES.
ALLENDE
PRESIDENTE
ARRASO EN
MOMIOS
PUEBLO
REDUCTOS
"LA DERECHA ESTÁ DERROTADA: PERO NO ESTÁ MUERTA", 6 DE SEPT., 1970, EL SIGLO.
¡ALLENDE LEJOS!
¡PURO CHILE!
CLARÍN
PASO ATRÁS
CIEN PASOS
PARA ADELANTE
"POR VEZ PRIMERA HA GANADO UN SOCIALISTA UNAS ELECCIONES EN LATINOAMÉRICA", BERLINER MORGENSPOST, BERLÍN OCCIDENTAL.
LES VOLAMOS LA RA...
LES VOLAMOS JA-JA-JA-JA-JA-JA
JE-JE-JE-JE-JE-JE
JU-JU-JU-JU-JU-JU
JI-JI-JI-JI-JI-JI
"ESTA VICTORIA HABRÁ SIDO UN "SHOCK" PARA LOS INVERSORES EXTRANJEROS EN CHILE, PRINCIPALMENTE PARA LAS COMPAÑÍAS CUPRÍFERAS DOMINADAS POR LOS NORTEAMERICANOS", THE OBSERVER, LONDRES.
"SE ABRE PARA CHILE UNA ETAPA DE INCERTIDUMBRE. NO SOLO PARA CHILE, PARA TODA AMÉRICA...", EL TIEMPO, BOGOTÁ.
"EL DOCTOR ALLENDE ESTÁ DISPUESTO A INSTALAR UN GOBIERNO REVOLUCIONARIO CAPAZ DE ACABAR CON EL DOMINIO DEL CAPITAL CHILENO Y EXTRANJERO", DAILY TELEGRAPH, LONDRES.

EL MOMIAJE MOSTRÓ SUS UÑAS. ESCUCHE, SEÑOR ALESSANDRI, NO CREA QUE LES VA A SALIR FÁCIL PORQUE VAMOS A DEFENDER A TODA COSTA LA VICTORIA DEL PUEBLO.
ALESSANDRI DIJO QUE EL PROCESO NO HABÍA TERMINADO, QUE LOS RESULTADOS ERAN PROVISORIOS Y QUE LA ÚLTIMA PALABRA LA TENÍA EL CONGRESO.
LA ELECCIÓN DE ALLENDE ESTÁ PROVOCANDO EL PÁNICO. EL DÓLAR SUBIÓ Y LA GENTE ESTÁ ASUSTADA.
¿NO HA VISTO COMO TODO EL MUNDO ESTÁ RETIRANDO SU DINERO DE LOS BANCOS Y ESCAPANDO DE SU PROPIO PAÍS?
¿ESA ES LA DEMOCRACIA DE LA UP?
POR LA UNIDAD NACIONAL MUJERES PRESENT
¡LIBERTAD, LIBERTAD, QUEREMOS LIBERTAD!
¡CHILE SÍ, CUBA NO!
LOS HECHOS SE SUCEDIERON CON GRAN RAPIDEZ. EL 9 DE SEPTIEMBRE, DESCONOCIDOS HIRIERON AL CARABINERO DE GUARDIA EN LA EMBAJADA DE GRAN BRETAÑA DESDE UN AUTOMÓVIL EN MARCHA.
¡BLAM! ¡BLAM
ESE MISMO DÍA JORGE ALESSANDRI ANUNCIABA PÚBLICAMENTE QUE, DE SER ELEGIDO POR EL CONGRESO PLENO, RENUNCIARÍA AL CARGO...
... Y POR PRIMERA VEZ ALLENDE SE DIRIGÍA AL PAÍS, COMO CANDIDATO TRIUNFANTE, EN CADENA PARCIAL DE RADIOS DE LA ASOCIACIÓN DE RADIODIFUSORES DE CHILE.
EL 11 DE SEPTIEMBRE DE 1970, EN VALPARAÍSO, ALLENDE DENUNCIÓ UNA CAMPAÑA DE TERROR FINANCIADA Y ORQUESTADA POR LA DERECHA.
AL MISMO TIEMPO, EN PUENTE ALTO SE DESCUBRÍA UNA FÁBRICA CLANDESTINA DE EXPLOSIVOS.

EL 13 DE SEPTIEMBRE DE 1970 SE FUNDÓ PATRIA Y LIBERTAD, MOVIMIENTO CÍVICO INDEPENDIENTE, UN GRUPO PARAMILITAR DE DERECHA, LIDERADO POR EL JOVEN ABOGADO PABLO RODRÍGUEZ.
LOS QUE PIENSAN QUE LLEVAMOS A CHILE A UNA GUERRA CIVIL SON LOS COBARDES QUE TIENEN MIEDO A LA LIBERTAD. SI QUIEREN GUERRA CIVIL, AQUÍ ESTAMOS NOSOTROS DE PIE.
EL MISMO 13 DE SEPTIEMBRE, LA UNIDAD POPULAR REALIZÓ EN CUMMING CON LA ALAMEDA LA "DEFENSA DEL TRIUNFO DE ALLENDE". PRIMERA MANIFESTACIÓN POSTELECTORAL.
ALLENDE DENUNCIÓ ALLÍ UN COMPLOT EN SU CONTRA. DIJO TENER UNA LISTA CON LA IDENTIDAD DE LOS CONSPIRADORES.

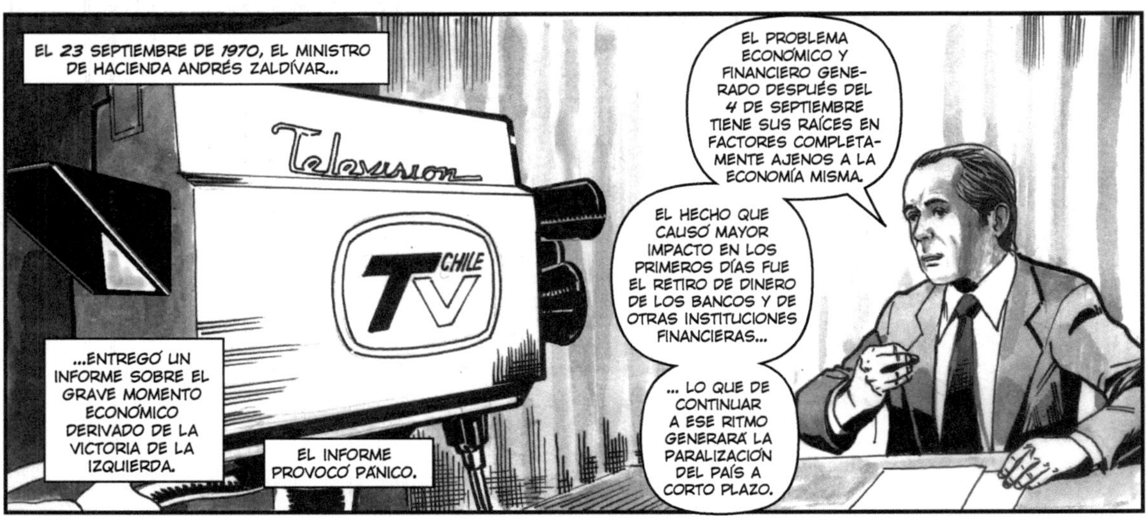
EL 23 SEPTIEMBRE DE 1970, EL MINISTRO DE HACIENDA ANDRÉS ZALDÍVAR...
Television
CHILE TV
...ENTREGÓ UN INFORME SOBRE EL GRAVE MOMENTO ECONÓMICO DERIVADO DE LA VICTORIA DE LA IZQUIERDA.
EL INFORME PROVOCÓ PÁNICO.
EL PROBLEMA ECONÓMICO Y FINANCIERO GENERADO DESPUÉS DEL 4 DE SEPTIEMBRE TIENE SUS RAÍCES EN FACTORES COMPLETAMENTE AJENOS A LA ECONOMÍA MISMA.
EL HECHO QUE CAUSÓ MAYOR IMPACTO EN LOS PRIMEROS DÍAS FUE EL RETIRO DE DINERO DE LOS BANCOS Y DE OTRAS INSTITUCIONES FINANCIERAS...
... LO QUE DE CONTINUAR A ESE RITMO GENERARÁ LA PARALIZACIÓN DEL PAÍS A CORTO PLAZO.

SE PRODUJERON NUMEROSOS ATENTADOS EXPLOSIVOS QUE ENRARECIERON EL AMBIENTE. ERA IMPOSIBLE SEGUIR TODOS LOS HECHOS. ESTOS FUERON ALGUNOS DE ELLOS.
25 DE SEPTIEMBRE, LOS OBISPOS DECLARARON: "EL PUEBLO CHILENO QUIERE CONTINUAR EN EL RÉGIMEN Y ESTILO DE LIBERTAD POR EL CUAL VIENE LUCHANDO DESDE HACE 160 AÑOS".
26 DE SEPTIEMBRE SE REALIZÓ UN SABOTAJE A TORRES DE ALTA TENSIÓN. PANFLETOS ATRIBUYERON LA ACCIÓN A LA BRIGADA OBRERA CAMPESINA (BOC).
27 DE SEPTIEMBRE LA DEMOCRACIA CRISTIANA PUBLICÓ UN INSERTO EN EL MERCURIO:
"EL PDC REAFIRMA QUE SI EL SEÑOR SALVADOR ALLENDE OTORGA DE UN MODO REAL Y EFICAZ LAS GARANTÍAS NECESARIAS QUE TENEMOS EL DEBER DE SOLICITARLE EN ALGUNAS MATERIAS VITALES, PUEDE ESPERAR UNA DECISIÓN FAVORABLE DE NUESTRA PARTE."
28 DE SEPTIEMBRE DETUVIERON A LOS ULTRADERECHISTAS ENRIQUE SCHILLING Y LUIS MEZA LLANCAPÁN POR SU PARTICIPACIÓN EN ATENTADOS TERRORISTAS ATRIBUIDOS FALSAMENTE A LA BOC.
30 DE SEPTIEMBRE, LUIS GASPARD, DIRECTOR DE INVESTIGACIONES, AFIRMABA POSEER ANTECEDENTES QUE INDICARÍAN QUE LUIS ENRIQUE YARUR...
...HIJO DEL CONOCIDO EMPRESARIO TEXTIL, Y QUE HABÍA VIAJADO A BUENOS AIRES UN PAR DE DÍAS ANTES, HABÍA PARTICIPADO EN LOS RECIENTES ATENTADOS TERRORISTAS.
EN LA MADRUGADA DEL 2 DE OCTUBRE, UN ESTANQUE CON 120.000 LITROS DE COMBUSTIBLE ESTALLÓ EN EL AEROPUERTO DE PUDAHUEL.
UN GRUPO DE INDIVIDUOS FUE DETENIDO CUANDO ESTABA A PUNTO DE HACER ESTALLAR 42 CARTUCHOS DE DINAMITA EN AVENIDA MATTA.
DESCONOCIDOS PUSIERON UNA BOMBA EN EL EDIFICIO DE LA CÁMARA DE COMERCIO. HORAS DESPUÉS, OTRO ATENTADO SE REGISTRABA EN LA SUCURSAL DEL BANCO FRANCÉS EN PROVIDENCIA.
EN "LA MARCHA DEL SILENCIO" CONVOCADA POR PATRIA Y LIBERTAD, SE PRODUJERON FUERTES ENFRENTAMIENTOS ENTRE EL GRUPO DE ULTRADERECHA Y PARTIDARIOS DE LA UP.

EL 3 DE OCTUBRE ESTALLARON CINCO NUEVAS BOMBAS: EN EL INSTITUTO GEOGRÁFICO MILITAR; CERCA DE LAS ANTENAS TRANSMISORAS DEL CANAL ESTATAL; EN EL CERRO SAN CRISTÓBAL; EN LAS TORRES DE TAJAMAR Y EN EL ARRAYÁN.
EL 8 DE OCTUBRE SE PRODUJERON FALSAS LLAMADAS ANUNCIANDO APARATOS EXPLOSIVOS EN COLEGIOS.
KA-BOOMM!
EL 9 DE OCTUBRE, UN GRUPO DE POBLADORES DIRIGIDOS POR EL MIRISTA VÍCTOR TORO, OCUPARON LA CASA CENTRAL DE LA UNIVERSIDAD DE CHILE.
ARMADOS DE LINCHACOS, ARMAS CORTAS Y PALOS SE ENFRENTARON A LA POLICÍA. LAS JUVENTUDES COMUNISTAS Y LA FEDERACIÓN DE ESTUDIANTES DE CHILE REPUDIARON LA ACCIÓN.
EL 15 DE OCTUBRE, LA CÁMARA DE DIPUTADOS APROBÓ LAS REFORMAS CONSTITUCIONALES QUE INCLUÍAN EL PROYECTO DEL ESTATUTO DE GARANTÍAS PACTADO ENTRE LA DC Y LA UP.
EL 19 DE OCTUBRE, LA POLICÍA DE INVESTIGACIONES DETUVO A PUNTA DE DISPAROS Y BOMBAS LACRIMÓGENAS AL EX MAYOR DEL EJÉRCITO ARTURO MARSHALL...
...QUE TENÍA COMO OBJETIVO ASESINAR A ALLENDE ANTES DE QUE ÉSTE ASUMIERA LA PRESIDENCIA.

MERCADO CENTRAL
NO PUEDE SER QUE NADIE LO HAYA TRAÍDO PARA ACÁ TODAVÍA.
ESTO ES LO MEJOR QUE HAY.
NO VA A ENCONTRAR EN TODO SANTIAGO UN LUGAR ASÍ. SI SUPIERA LO RICO QUE ES, SE HABRÍA HECHO EL TIEMPO.
ME HABÍAN HABLADO MUCHO, PERO NO HE TENIDO TIEMPO MARCELO.
ESTA SÍ QUE ES MÚSICA. ESCUCHE... "SE ME AGIGANTA UN GRAN DOLOR Y UN GRAN DESEO DE ESCAPAR..."
SE ME AGIGANTA UN GRAN DOLOR...
ES DE LOS GALOS. NO LO OLVIDE.
A PROPÓSITO DE MÚSICA. ¿SUPO DE ESA FIESTA HIPPIE QUE HICIERON HACE POCO?
...MAS SI ESTOY LEJOS, MÁS YO SUFRO...
SÍ, PIEDRA ROJA.
DEBE HABER SIDO UN BUEN MOMENTO PARA LLORAR A JIMI HENDRIX.
NO LO CONOZCO A ESE...
...PORQUE AUNQUE SEA DE TU VOZ, DE TU FIGURA, DE TU ANDAR...
HE NOTADO QUE LOS HIPPIES CHILENOS SON EN SU MAYORÍA GENTE CON PLATA QUE CASI NO SE INTERESAN POR LA POLÍTICA.
LA IZQUIERDA NO LOS MIRA CON BUENOS OJOS.
¡Y CÓMO NO VAN A DESCONFIAR! SI CON ESE PELO TODOS PARECEN MINAS.
...HOY ME ALIMENTO Y ME MANTENGO...
CIERTO. ESO YA NO ES NOVEDAD. ÚLTIMAMENTE NADIE PARECE CONFIAR MUCHO EN NADIE.
¡SALUD POH GRINGO!
¡SALUD MARCELO!

08:15 DE LA MAÑANA DEL 22 DE OCTUBRE DE 1970.
EL GENERAL RENÉ SCHNEIDER SALÍA DE SU CASA EN CALLE SEBASTIÁN ELCANO 551, LAS CONDES, RUMBO A SU OFICINA.
FALTABAN SOLO DOS DÍAS PARA QUE EL CONGRESO PLENO RATIFICARA A LA PRIMERA MAYORÍA RELATIVA COMO PRESIDENTE DEL PAÍS.
08:16 AM.
NO HABÍA TIEMPO QUE PERDER. LA LLAMADA OPERACIÓN ALFA DEBÍA REALIZARSE LO ANTES POSIBLE...
...Y A CUALQUIER PRECIO.
EL PLAN, QUE INICIALMENTE HABÍA SUGERIDO LA POSIBILIDAD DEL SECUESTRO PARA PROVOCAR EL CAOS...
08:17 AM.
...E INSTIGAR UN GOLPE DE ESTADO ANTES DE LA PROCLAMACIÓN PRESIDENCIAL, SE CONVIRTIÓ AQUELLA MAÑANA EN ALGO MUY DIFERENTE.
SCREECH
KLANK

BLAM
08:18 AM.
BLAM
BLAM
BLAM
BLAM
08:20 AM.

LA SITUACIÓN ES GRAVE. LOS MÉDICOS HAN HECHO YA TODO LO QUE ES POSIBLE...
...AHORA SOLO RESTA ESPERAR...
COMO LO HA DICHO LA UNIDAD POPULAR AYER, ES UN CRIMEN SIN PARANGÓN EN CHILE Y NO PUEDE QUEDAR IMPUNE.
VOLODÍA TEITELBOIM.
LA SITUACIÓN EN EL PAÍS LA CONOCEN USTEDES MEJOR QUE YO...
...PORQUE LEO LOS DIARIOS TODOS LOS DÍAS Y ME INFORMO Y ME ASUSTO A VECES.
EL ATENTADO NO LOGRÓ SU OBJETIVO. A LAS 13 HRS. DEL SÁBADO 24 DE OCTUBRE DE 1970, MIENTRAS EL GENERAL SCHNEIDER AGONIZABA, ALLENDE FUE PROCLAMADO PRESIDENTE DE CHILE.
CORRESPONDE AL CONGRESO PLENO ELEGIR, EN VOTACIÓN SECRETA, PRESIDENTE DE LA REPÚBLICA ENTRE LOS DOS CIUDADANOS QUE HAN OBTENIDO LAS DOS MÁS ALTAS MAYORÍAS RELATIVAS.
EN ESTE CASO DON SALVADOR ALLENDE GOSSENS Y DON JORGE ALESSANDRI RODRÍGUEZ.
RESULTADO DE LA VOTACIÓN. POR EL SENADOR SALVADOR ALLENDE: 153 VOTOS. POR EL SEÑOR JORGE ALESSANDRI: 35 VOTOS.
CLAUDIA ME HABÍA CONTADO QUE EN 1958 ALESSANDRI TAMBIÉN DEBIÓ SER RATIFICADO POR EL CONGRESO PLENO AL OBTENER EL 31,6% DE LOS VOTOS, PORCENTAJE MENOR AL CONSEGUIDO POR ALLENDE.
CON MOTIVO DE LA VOTACIÓN PRODUCIDA, EL CONGRESO PLENO PROCLAMA PRESIDENTE DE LA REPÚBLICA...
...PARA EL PERÍODO COMPRENDIDO ENTRE EL 3 DE NOVIEMBRE DE 1970 Y 3 DE NOVIEMBRE DE 1976...
...AL CIUDADANO SALVADOR ALLENDE GOSSENS. ¡SE LEVANTA LA SESIÓN!
¡VIVA CHILE, MIERDA!
COMO PRESIDENTE ELECTO HE VENIDO A INQUIRIR CÓMO ESTÁ LA SALUD DEL GENERAL SCHNEIDER.
ES EL PRIMER HECHO QUE REALIZO DESPUÉS DE QUE EL CONGRESO RATIFICARA LA VOLUNTAD POPULAR.

GENERAL RENÉ SCHNEIDER.
UN GOLPE DE LA DERECHA ES PROBLEMA PARA LOS POLÍTICOS. LAS FUERZAS ARMADAS SOLO DEFIENDEN LA LEY.
A CAUSA DE LOS IMPACTOS RECIBIDOS, EL GENERAL SCHNEIDER MURIÓ A LAS 07:52 AM DEL DOMINGO 25 DE OCTUBRE DE 1970.
UNO DE LOS TRES DISPAROS LE PERFORÓ LOS PULMONES, ROZANDO EL CORAZÓN Y DESTRUYENDO SU HÍGADO.
SEPTIEMBRE DE 1970, NIXON ORDENÓ A LA CIA: "NO HAY QUE DEJAR NINGUNA PIEDRA SIN MOVER PARA OBSTRUIR LA ELECCIÓN DE ALLENDE".
EL 25 DE SEPTIEMBRE, EL EMBAJADOR DE ESTADOS UNIDOS EN CHILE, EDWARD KORRY, ENVIÓ UN CABLE AL CONSEJERO DE SEGURIDAD NACIONAL DE SU PAÍS, HENRY KISSINGER:
CENTRAL INTELLIGENCE AGENC
UNITED STATES OF AM
"ESTOY CONVENCIDO DE QUE NO PODEMOS PROVOCAR (UN GOLPE) Y QUE NO PODEMOS CORRER EL RIESGO DE SIMPLEMENTE REPETIR OTRO BAHÍA COCHINOS."
EL 3 DE NOVIEMBRE DE 1970 A LAS 11 DE LA MAÑANA, SALVADOR ALLENDE DEJÓ DE SER PRESIDENTE ELECTO...
...PARA CONVERTIRSE EN EL 31º PRESIDENTE DE LA REPÚBLICA DE CHILE EN UNA CEREMONIA OFICIAL EFECTUADA EN EL CONGRESO NACIONAL.
LA UNIDAD POPULAR HABÍA LLEGADO AL PODER Y AUNQUE EL 29 DE SEPTIEMBRE DE 1970 LA CIA INFORMABA QUE "EN ESTE MOMENTO NO HAY NADA QUE PROVOQUE UNA INTERVENCIÓN MILITAR, DADA LA CALMA ABSOLUTA QUE IMPERA EN EL PAÍS"...
...LA BATALLA NO HABÍA HECHO MÁS QUE COMENZAR.

EL 30 DE OCTUBRE ALLENDE CONFORMÓ SU PRIMER GABINETE, CON EL QUE REVISÓ LAS PRIMERAS MEDIDAS DE SU GOBIERNO:
CONSTRUCCIÓN DE VIVIENDAS POPULARES, CREACIÓN DE NUEVOS EMPLEOS, CONTROL DE LA INFLACIÓN, AMPLIACIÓN DE LA REFORMA AGRARIA Y LA CONTROVERTIDA NACIONALIZACIÓN DEL COBRE.
"POR PRIMERA VEZ EN LA HISTORIA DE CHILE CUATRO OBREROS INTEGRAN UN GABINETE", DIJO ALLENDE, REFIRIÉNDOSE A ZORRILLA, OYARCE, BARRAZA Y CORTÉS.
MINISTRO DEL INTERIOR: JOSÉ TOHÁ GONZÁLEZ. PARTIDO SOCIALISTA.
MINISTRO DE RELACIONES EXTERIORES: CLODOMIRO ALMEYDA MEDINA. PARTIDO SOCIALISTA.
MINISTRO DE ECONOMÍA, FOMENTO Y RECONSTRUCCIÓN: PEDRO VUSKOVIC BRAVO. INDEPENDIENTE.
MINISTRO DE HACIENDA: AMÉRICO ZORRILLAS ROJAS. PARTIDO COMUNISTA.
MINISTRO DE EDUCACIÓN PÚBLICA: MARIO ASTORGA GUTIÉRREZ. PARTIDO RADICAL.
MINISTRO DE JUSTICIA: LISANDRO CRUZ PONCE. ACCIÓN POPULAR INDEPENDIENTE.
MINISTRO DE DEFENSA NACIONAL. ALEJANDRO RÍOS VALDIVIA. PARTIDO RADICAL.
MINISTRO DE OBRAS PÚBLICAS Y TRANSPORTES: PASCUAL BARRAZA BARRAZA. PARTIDO COMUNISTA.
CUANDO GANAMOS EL 4 DE SEPTIEMBRE DIJE QUE CONMIGO EL PUEBLO ENTRARÍA A LA MONEDA. ESTE GABINETE ASÍ LO ESTÁ DEMOSTRANDO.
MINISTRO DE AGRICULTURA: JACQUES CHONCHOL CHAIT. MOVIMIENTO DE ACCIÓN POPULAR UNITARIA (MAPU).
MINISTRO DE TIERRAS Y COLONIZACIÓN: HUMBERTO MARTONES MORALES. PARTIDO SOCIALDEMÓCRATA.
MINISTRO DE SALUD PÚBLICA: OSCAR JIMÉNEZ PINOCHET. PARTIDO SOCIALDEMÓCRATA
MINISTRO DE TRABAJO Y PREVISIÓN SOCIAL: JOSÉ OYARCE JARA. PARTIDO COMUNISTA.
MINISTRO DE MINERÍA: ORLANDO CANTUARIAS ZEPEDA. PARTIDO RADICAL.
MINISTRO DE VIVIENDA Y URBANISMO: CARLOS CORTES DÍAZ. PARTIDO SOCIALISTA.
MINISTRO SECRETARIO GENERAL DE GOBIERNO: JAIME SUAREZ BASTIDAS. PARTIDO SOCIALISTA.

«La utopía era deslumbrante. Enceguecía (...) la posibilidad de que llegara una primavera humana distinta, justa, superior, eso obnubiló y produjo lo que produjo, no solo en Chile.»

Luis Guastavino

«El presente está abierto a principios del 70, pero algunos de los nuestros plantean la lucha armada y otros la lucha de masas. Eso nos separó.»

José Ángel Cuevas

1971

DURANTE 1971 CHILE ERA UN PAÍS QUE SE DESBORDABA EN MUCHOS SENTIDOS.
LA GENTE SE VOLCÓ A LAS CALLES Y MÁS ALLÁ DE LAS DIFICULTADES, LAS FIESTAS POPULARES SE TOMARON LA ALAMEDA.
DESDE EL HONDO CRISOL DE LA PATRIA. SE LEVANTA EL CLAMOR POPULAR.
¡PUTA QUE ESTÁ GÜENO ESTO!
HACE UN RATO VI A LUISÍN LANDÁEZ, EL CANTANTE DE CUMBIAS, QUE SE SACÓ LA CRESTA EN UN ESCENARIO.
Y HASTA DON FRANCISCO ESTÁ ANIMANDO EN UNO DE LOS ESCENARIOS DE MÁS ALLÁ.
¿EL DE SÁBADOS GIGANTES?
MIRA TÚ... QUIÉN LO HABRÍA PENSADO.
RECORDANDO AL SOLDADO VALIENTE CUYO EJEMPLO LO HICIERA INMORTAL.
ENFRENTEMOS PRIMERO A LA MUERTE, TRAICIONAR A LA PATRIA JAMÁS.
MI CHILE ES AHORA UN PAÍS NUEVO.
¿HABÍAS VISTO ANTES ALGO PARECIDO?
NUNCA POH GRINGO, NUNCA.
ERA EMOCIONANTE SENTIR EL FERVOR DE CLAUDIA Y JOSÉ, PERO ALGO ME IMPEDÍA DEJARME LLEVAR POR ESE ENTUSIASMO.
QUERÍA SER UN OBSERVADOR COMO NEUMANN O AL MENOS ESO INTENTABA. LO QUE SÍ TENÍA MUY CLARO ERA QUE EL CAMINO ENTRE LA UTOPÍA Y EL DESENCANTO ESTABA LLENO DE ATAJOS PELIGROSOS.
VENCEREMOS, VENCEREMOS. MIL CADENAS HABRÁ QUE ROMPER. VENCEREMOS, VENCEREMOS, LA MISERIA SABREMOS VENCER.
ES CIERTO QUE EL PROGRAMA DE LA UP ES ANTI-IMPERIALISTA, ANTI-MONOPOLISTA Y ANTI-LATIFUNDISTA.
EN EL MIR LOS APOYAMOS, PERO ES UN APOYO CRÍTICO. LA CONQUISTA DE ALLENDE ES IMPORTANTE, PERO NO LA DEFINITIVA.
CIERTO. ESTA ES UNA FASE PRE-REVOLUCIONARIA, JOHN. AÚN HAY QUE CONCIENTIZAR A LAS MASAS Y REVERTIR EL PROCESO CAPITALISTA.
¿PERO NO ES ESO LO QUE BUSCA EXACTAMENTE ALLENDE Y LA UP?
TÚ NO ESCUCHAS GRINGO.
HAY QUE PREPARAR A NUESTRA CLASE EN LOS BARRIOS, EN LOS CORDONES INDUSTRIALES, EN LAS POBLACIONES PARA CUANDO LLEGUE EL MOMENTO.
EL CAMBIO REVOLUCIONARIO IMPLICA NECESARIAMENTE EL ENFRENTAMIENTO.

ESA ESTRATEGIA DE HACER LA REVOLUCIÓN DESDE DENTRO DEL SISTEMA ES UNA TRAMPA.
LA "COLABORACIÓN DE CLASES" DEL PC NO ES VIABLE.
ES LA AUTO-CONSERVACIÓN DE LA CLASE DOMINANTE.
ERA MÁS QUE EVIDENTE EL GUEVARISMO DE AMBOS. ME IMPRESIONABA SU LENGUAJE; FIRME, CLARO, EN PIE DE GUERRA.
PARTE DE LA IZQUIERDA CREÍA FIRMEMENTE QUE CHILE PODÍA Y DEBÍA REPETIR EL PROCESO CUBANO.
¿DE VERDAD CREÍAN QUE ESA ERA UNA ALTERNATIVA A LA VÍA ELECTORAL? ¿ERA ESO LO QUE TODA LA UP BUSCABA EN REALIDAD?
Casecha
SE LO REPITO. CHILE NECESITA UN GOBIERNO AUTORITARIO QUE VENGA A PONER ORDEN EN ESTE CAOS, QUE NOS DEVUELVA UN PAÍS UNIDO POR SUS VALORES NACIONALES.
CON SU ODIO DE CLASES LA UP NOS VA A ARRASTRAR A UNA GUERRA CIVIL. USTED ES NORTEAMERICANO, MR. NITSCH, ENTIENDE PERFECTAMENTE EL PELIGRO MARXISTA.
YA HABRÁ ESCUCHADO EL DISCURSO DE LA VIOLENCIA REVOLUCIONARIA.
SEPA USTED QUE NOSOTROS TAMBIÉN VAMOS A PELEAR POR DEFENDER LO QUE HEMOS LOGRADO CON NUESTRO TRABAJO.
LA PÉRDIDA DE LAS GARANTÍAS CONSTITUCIONALES SERÁ EL QUIEBRE DEFINITIVO DE NUESTRO SISTEMA DEMOCRÁTICO.
HAY QUE EVITARLO DE CUALQUIER FORMA. TAL VEZ HASTA NECESITEMOS UN POCO DE AYUDA ¿ME ENTIENDE?
UNA DERECHA ASUSTADA SE ESTABA CONVIRTIENDO EN UN ENEMIGO FEROZ PARA LAS PRETENSIONES DE LA UP.
ESTABAN DISPUESTOS A TODO POR DEFENDER SUS PRIVILEGIOS Y SALVAR A CHILE DE LA AMENAZA MARXISTA Y DEL "ROTAJE" INSOLENTE.

ENERO DE 1971.
LA CORPORACIÓN DE REFORMA AGRARIA (CORA) ANUNCIÓ LA EXPROPIACIÓN DEL LATIFUNDIO GANADERO MÁS GRANDE DE LA PATAGONIA CHILENA.
PROPIEDAD DE LA SOCIEDAD EXPLOTADORA DE TIERRA DEL FUEGO.
COMUNIDADES CAMPESINAS Y LAS ETNIAS HUILLICHE Y MAPUCHE, PARTICIPARON ACTIVAMENTE EN LA REFORMA AGRARIA.
CAMPAMENTO CAMILO TORRES
MOVIMIENTO CAMPESINO REVOLUCIONARIO
DAVID BAYTELMAN, VICEPRESIDENTE EJECUTIVO DE LA CORA, DIJO: "LA INTENCIÓN DEL GOBIERNO ES QUE NO HAYA PROPIEDAD INDIVIDUAL DE LA TIERRA".
PARA LA DERECHA LA UP ERA SIMPLEMENTE "CÓMPLICE DE LA EXPROPIACIÓN ILEGAL DE NUMEROSAS PROPIEDADES AGRÍCOLAS EN EL SUR DEL PAÍS".
CHILE ABRE SU PROPIO CAMINO PARA SALIR DEL SUBDESARROLLO
4 DE ENERO DE 1971: COMENZARON A IMPLEMENTARSE LAS PRIMERAS 40 MEDIDAS DEL GOBIERNO POPULAR. SE DIO INICIO AL REPARTO GRATUITO DE MEDIO LITRO DE LECHE DIARIO A CADA NIÑO CHILENO.
Apolo 14: Astronautas Regresan
Trabajadores, en la Dirección del Banco Estatal O'Higgins
EL SIGLO
ENERO: TRES MILLONES DE LITROS DE LECHE ENTREGADOS A LOS NIÑOS
LA SUPRESIÓN DE SUELDOS FABULOSOS; CASAS, LUZ Y AGUA POTABLE PARA TODOS...
CUBA SE VISTE DE GALA PARA RECIBIR A LA ESMERALDA
LOS TRABAJADORES FIRMARON COMPROMISO CON EL PAÍS
¡ASÍ SE HACE PATRIA!
... NO MÁS IMPUESTOS A LOS ALIMENTOS; PREVISIÓN PARA TODOS Y UNA REFORMA AGRARIA DE VERDAD, ERAN ALGUNAS DE LAS OTRAS MEDIDAS.
12 DE FEBRERO DE 1971.
EDITORA NACIONAL QUIMANTU
EL ESTADO ADQUIRIÓ LOS ACTIVOS DE ZIG-ZAG, UNA DE LAS EMPRESAS EDITORIALES MÁS IMPORTANTES DEL PAÍS...
...LA QUE TRAS SUFRIR UN LARGO CONFLICTO LABORAL FUE TRANSFORMADA EN LA EDITORIAL QUIMANTÚ.
EN CADENA NACIONAL, JOSÉ TOHÁ SEÑALÓ QUE LOS CAMBIOS EN EL AGRO SE HARÍAN LEGALMENTE Y POR LA VÍA DEMOCRÁTICA.
EL GOBIERNO DEBE REAFIRMAR SU DECISIÓN DE NO ACEPTAR LA EXISTENCIA DE GRUPOS ARMADOS DE NINGUNA ESPECIE.
LAS FUNCIONES RELATIVAS AL ORDEN Y A LA SEGURIDAD COMPETEN EN FORMA EXCLUSIVA A LAS FUERZAS ARMADAS Y AL CUERPO DE CARABINEROS.
APOYÁNDOSE EN LA LEY DE REFORMA AGRARIA DEL GOBIERNO ANTERIOR, LA UP SE PREPARÓ A EXPROPIAR LOS GRANDES LATIFUNDIOS.
ES NECESARIO REITERAR EN LA FORMA MÁS CATEGÓRICA QUE LA ACCIÓN DEL GOBIERNO POPULAR SE ORIENTARÁ INVARIABLEMENTE DENTRO DE LOS CAUCES DEMOCRÁTICOS Y LEGALES.
¿ERA POSIBLE EFECTUAR EL PROCESO DE EXPROPIACIÓN DE LA AGRICULTURA PRIVADA EN EL MARCO DE LAS INSTITUCIONES DEMOCRÁTICAS?
ALGUNOS ESTABAN CONVENCIDOS DE QUE NO ERA POSIBLE...
HASTA LA VICTORIA SIEMPRE
CAMPESINO ¡¡ALERTA!! MGR
...MIENTRAS QUE OTROS AFIRMABAN QUE LA DERECHA BUSCABA DESLEGITIMAR AL GOBIERNO Y EXHIBIRLO COMO EL GRAN DESTRUCTOR DE LA PROPIEDAD PRIVADA.

4 DE ENERO DE 1971: POR DECRETO PRESIDENCIAL DE INSISTENCIA, 43 JÓVENES (REOS, PROCESADOS Y PRÓFUGOS) PERTENECIENTES AL MIR Y AL GRUPO DE ULTRA IZQUIERDA, VANGUARDIA ORGANIZADA DEL PUEBLO (VOP), FUERON INDULTADOS.
ALLENDE HABLÓ AL RESPECTO EL 5 DE ENERO DE 1971 DESDE LA INTENDENCIA DE VALPARAÍSO.
HEMOS FIRMADO UN DECRETO QUE INDULTA A LOS DIRIGENTES DEL MIR QUE ESCONDIDOS DESDE HACE MUCHO TIEMPO VIENEN ELUDIENDO LA ACCIÓN DE LA JUSTICIA.
POR ASUMIR ESTAS ACTITUDES SE HA LANZADO EN CONTRA NUESTRA UNA CRÍTICA ACERBA Y MUY DURA. YO HE HECHO USO DE UN DERECHO CONSTITUCIONAL.
CREO QUE ESOS JÓVENES MILITANTES DE LA IZQUIERDA, CON LOS CUALES TENÍAMOS UNA APRECIACIÓN TÁCTICA DISTINTA Y DIFERENTE,
ACTUARON ERRADAMENTE, PERO IMPULSADOS POR UN ANHELO SUPERIOR DE TRANSFORMACIÓN SOCIAL.
SE LES CONDENÓ PORQUE ASALTARON ALGUNOS BANCOS.
LO HICIERON, ES CIERTO Y YO LO SÉ. PERO NO HIRIERON A NADIE Y NO ASESINARON A NADIE.
NO DERRAMARON SANGRE NI DE CARABINEROS NI DE EMPLEADOS NI DE OBREROS. ARRIESGARON SU VIDA EN ARAS DE UN IDEAL.
16 DE ENERO DE 1971.
EN VIÑA DEL MAR, A METROS DEL PALACIO PRESIDENCIAL DE CERRO CASTILLO, DONDE SE ENCONTRABA EL PRESIDENTE, FUE DESCUBIERTO UN APARATO EXPLOSIVO.
17 DE ENERO DE 1971. EL PRESIDENTE DE LA DEMOCRACIA CRISTIANA, NARCISO IRURETA, ENCARÓ A ALLENDE POR TELEVISIÓN. HABLÓ DE LA OCUPACIÓN ILEGAL DE FUNDOS Y DEL CRECIMIENTO DE CÉLULAS ARMADAS TANTO DE DERECHA COMO DE IZQUIERDA.
EL 3 DE FEBRERO, EN TANTO, DENUNCIÓ LA EXISTENCIA DE UN CENTRO GUERRILLERO EN LIQUIÑE.
1 DE FEBRERO DE 1971, CINCO MIEMBROS DE LA VOP SE ENFRENTARON A CARABINEROS.
FUERON CAPTURADOS Y ACUSADOS DE ROBO Y TENENCIA ILEGAL DE ARMAS.
14 DE FEBRERO DE 1971, LUIS CORVALÁN, SECRETARIO GENERAL DEL PARTIDO COMUNISTA, SE REFIRIÓ A LAS TOMAS DE FUNDOS EN EL DIARIO EL SIGLO.
NINGÚN PARTIDO DE LA UP ESTÁ IMPULSANDO ESAS TOMAS. Y, POR LO QUE YO SÉ,
TAMPOCO LAS IMPULSA OFICIALMENTE EL MIR. SEAN QUIENES SEAN LOS QUE LAS IMPULSAN, A NOSOTROS NOS PARECE UN ERROR.

AL CUMPLIR 5 MESES EN EL GOBIERNO, EL 30 DE MARZO A LAS 19:55 HRS. ALLENDE HABLÓ EN LA PLAZA DE LA CONSTITUCIÓN.
PURO CHILE: "EL PRESIDENTE DE LA REPÚBLICA EXPRESÓ QUE JAMÁS HUBO TANTA LIBERTAD DE PRENSA EN CHILE 'NOS ATACAN -ACLARÓ- PORQUE ESTAMOS CUMPLIENDO EL PROGRAMA DE LA UP QUE HIERE LOS INTERESES DE UNA MINORÍA PRIVILEGIADA'".
TRIBUNA: "NO ENCONTRÓ NADA MEJOR QUE REPETIR SUS ATAQUES A LA PRENSA DE OPOSICIÓN, CALIFICANDO A LOS PERIODISTAS INDEPENDIENTES CON LOS REPETIDOS E INJURIOSOS VOCABLOS DE 'PLUMARIOS' Y 'MERCENARIOS'".
EBLO
CON LOS TRABAJADORES
MANO FIRME PRESIDENTE!
PURO CHILE: "Y AL FINAL HIZO UN DRAMÁTICO LLAMADO AL PUEBLO. ESTAR ALERTA, PORQUE LOS SEDICIOSOS PROYECTAN DESENCADENAR LA VIOLENCIA EL 4 DE ABRIL, LLEVANDO LOS ATENTADOS CONTRA CARABINEROS Y MILITARES".
"A LA VIOLENCIA REACCIONARIA EL PUEBLO RESPONDERÁ CON LA VIOLENCIA REVOLUCIONARIA."
DOMINGO 4 DE ABRIL DE 1971.
EL 14 DE MARZO EL CONGRESO PLENO RATIFICÓ LA REFORMA CONSTITUCIONAL QUE PERMITIÓ POR PRIMERA VEZ QUE LOS MAYORES DE 18 AÑOS Y LOS EXTRANJEROS CON 5 AÑOS DE RESIDENCIA PUDIESEN VOTAR.
VEINTIÚN DÍAS DESPUÉS LOS CHILENOS ESCOGERÍAN A 1.753 CONSEJEROS MUNICIPALES. CADA COALICIÓN MEDÍA SU FUERZA REAL Y LA UP TENÍA SU PRIMERA EVALUACIÓN.
EL GENERAL AUGUSTO PINOCHET, ENTONCES JEFE DE LA GUARNICIÓN MILITAR DE SANTIAGO DESTACÓ EL CLIMA DE COMPLETA NORMALIDAD QUE MARCÓ EL ACTO ELECCIONARIO.
NO SOY POLÍTICO, NO ENTIENDO DE POLÍTICA, SOY SOLDADO Y TENGO COMO ANDAMIO LA CONSTITUCIÓN.
SIENTO ORGULLO Y SATISFACCIÓN POR EL CUMPLIMIENTO DE LOS DEBERES CIUDADANOS.
LAS ELECCIONES MUNICIPALES FUERON UN ÉXITO PARA LA UP CON UN 49,75% DE LOS SUFRAGIOS, AUNQUE SIN ALCANZAR SU META DE SUPERAR EL 50%.
ESTAS ELECCIONES HAN CONSTITUIDO UN DESMENTIDO PARA QUIENES PENSABAN QUE LA DEMOCRACIA SERÍA ABOLIDA CON LA LLEGADA AL PODER DE UN GOBIERNO POPULAR.

"NO ES UNA GUARDIA PROPIAMENTE TAL."
"ES UN GRUPO DE COMPAÑEROS Y TRABAJÉ CON ELLOS PORQUE ESTABA EN PELIGRO MI VIDA."
Y NO SON GUARDAESPALDAS, SON MIS COMPAÑEROS.
ASÍ SE REFERÍA ALLENDE A SU DISPOSITIVO DE SEGURIDAD PERSONAL CONOCIDO COMO GRUPO DE AMIGOS PERSONALES (GAP).
TODOS JÓVENES MILITANTES DEL PARTIDO SOCIALISTA Y DEL MIR CUYA MISIÓN ERA DEFENDER LA VIDA DEL "COMPAÑERO ALLENDE", DEL "CHICHO".
SEGÚN EXPLICÓ ALLENDE EN MARZO DE ESE AÑO, EL GRUPO ESTABA DISPUESTO A PROTEGERLO "A COSTA DE SUS PROPIAS VIDAS, SI ALGÚN PELIGRO ME ACECHARA".
la vida del "compañero Allen
"Chicho". XXXXX
El grupo está dispuesto "a protegerme a
me acechara", declaró el mandatario en Marzo
pasado
la FIRME
REVISTA DE EDUCACIÓN POPULAR
LOS MONOPOLIOS
EXTRA
Los Angeles Times
MANSON VERDICT
ALL GUILTY!
CORREOS Y TELEGRAFOS
TELEGRAMA
Buen trabajo. Envía más fotos, urgente.
Descansa si puedes. Saludos de los
muchachos. Harry.
CLAUDIA. ¿CÓMO ESTÁS?
SÉ QUE EL MIR Y LA BRIGADA RAMONA PARRA DE LOS COMUNISTAS NO SE TRAGAN, PERO ¿ME ACOMPAÑARÍAS MAÑANA AL...

...MUSEO DE ARTE CONTEMPORÁNEO DE QUINTA NORMAL?...
...CREO QUE ES UN EVENTO QUE TE PUEDE INTERESAR...
...¿LO HARÍAS POR MÍ?... TE LO AGRADEZCO... A LAS 3 DE LA TARDE SERÍA PERFECTO.
ALLÍ NOS REUNIMOS CON ALEJANDRO "MONO" GONZÁLEZ...
BRIGADAS RAMONA PARRA
JUVENTUDES COMUNISTAS DE CHILE
BRP
MUSEO DE ARTE CONTEMPORANEO
QUINTA NORMAL • 20 ABRIL • 20 MAYO 1971
...MURALISTA DE LA BRIGADA RAMONA PARRA.
¿QUÉ LE HA PARECIDO LA MUESTRA?
EXCELENTE... INCLASIFICABLE...
JA, JA, JA... PUEDE SER. FÍJESE QUE PRIMERO NOS RECHAZARON, LUEGO NOS TOMAMOS LAS CALLES Y AHORA LLEGAMOS INCLUSO A LA ACADEMIA.
¿NO ES UNA CONTRADICCIÓN ESTAR AHORA AQUÍ EN EL MUSEO?
LO QUE HACEMOS EN LA CALLE ES ARTE, SEÑOR NITSCH, Y ALFABETIZACIÓN. ES COMUNICAR EL TRIUNFO DE ALLENDE...
...EL PROGRAMA DE LA UP EN IMÁGENES, Y PARA ESO TODOS LOS ESPACIOS SON VALIDOS Y NECESARIOS.
INCLUSO EN ESTE MUSEO NUESTRO TRABAJO SIGUE SIENDO CLANDESTINO, EFÍMERO Y COLECTIVO.
EL MONO GONZÁLEZ ES UN ARTISTA QUE A SU MODO ENTENDIÓ QUE LA REVOLUCIÓN ES INMINENTE Y HA OBRADO EN CONSECUENCIA... A PESAR DE SER COMUNISTA.
CLAUDIA... HAY ALGO QUE ME LLAMA LA ATENCIÓN.

ALLENDE NUNCA TUVO EL APOYO INCONDICIONAL DEL MIR Y AHORA USTEDES SE HAN RADICALIZADO...
Y DALE CON LO MISMO. LAS FUERZAS REACCIONARIAS SE ESTÁN REAGRUPANDO, JOHN. Y NADIE MÁS PARECE VERLO.
SOY LA PRIMERA EN APLAUDIR EL HECHO DE QUE EL GOBIERNO HAYA ABIERTO LAS PUERTAS DE LA MOVILIZACIÓN OBRERA Y CAMPESINA,
PERO ES NUESTRO DEBER COMBATIR INCLUSO A LOS SECTORES MÁS VACILANTES DE LA UP.
ALLENDE NO SE CANSA DE DECIR QUE HARÁ TODOS LOS CAMBIOS DENTRO DEL MARCO DE LA LEGALIDAD.
NO ENTIENDES EL JUEGO DE LA DERECHA. SE RESISTEN A LA ENTREGA DEL PODER Y ESTÁN ARRASTRANDO INCLUSO A ALGUNOS FUNCIONARIOS DE GOBIERNO EN CONTRA DE LAS MOVILIZACIONES CAMPESINAS...
...FRENANDO LA REFORMA AGRARIA, DETENIENDO EL PROCESO REVOLUCIONARIO, PERO NOSOTROS VAMOS A REACCIONAR CONTRA CUALQUIER ACCIÓN REPRESIVA CONTRA EL PUEBLO.
¿CON UN OJO PUESTO EN EL FUSIL?
CON EL FUSIL EN LA MANO SI ES NECESARIO, JOHN.

1 DE MAYO DE 1971.
UN PUEBLO DISCIPLINADO, ORGANIZADO, CONSCIENTE, ES, JUNTO A LA LIMPIA LEALTAD DE LAS FUERZAS ARMADAS Y DE CARABINEROS, LA MEJOR DEFENSA DEL GOBIERNO POPULAR Y DEL FUTURO DE LA PATRIA.
PERO REITERO, EL GRAN COMBATE, LA GRAN BATALLA DE CHILE ES AHORA Y SERÁ SIEMPRE LA PRODUCCIÓN.
CUT
LA PRODUCCIÓN, QUE LO ENTIENDAN, QUE SE LO GRABEN AQUÍ EN EL CEREBRO Y EN EL CORAZÓN, REPITO, LA BATALLA DE AHORA Y DE SIEMPRE ES LA BATALLA DE LA PRODUCCIÓN. HAY QUE PRODUCIR MÁS.
EL COBRE ES EL SUELDO DE CHILE. Y DEBEN ENTENDERLO TAMBIÉN EL GOBIERNO Y EL PUEBLO NORTEAMERICANOS.
CUANDO NOSOTROS PLANTEAMOS NACIONALIZAR NUESTRAS MINAS NO LO HACEMOS PARA AGREDIR A LOS INVERSIONISTAS DE ESTADOS UNIDOS.
ES QUE NECESITAMOS EL COBRE PARA CHILE.
DENTRO DE 15 DÍAS O DOS MESES SE ACABAN LOS STOCKS, Y SI LAS INDUSTRIAS NO PRODUCEN, CHILE NO ESTÁ ACOSTUMBRADO A RACIONAMIENTOS Y NO LOS QUEREMOS.
POR ESO HAY QUE PRODUCIR EN EL CAMPO, EN LAS INDUSTRIAS, COMPAÑEROS...
PIENSEN, COMPAÑEROS, QUE EN OTRAS PARTES SE LEVANTARON LOS PUEBLOS PARA HACER SU REVOLUCIÓN Y QUE LA CONTRARREVOLUCIÓN LOS APLASTÓ.
TORRENTES DE SANGRE, CÁRCELES Y MUERTE MARCAN LA LUCHA DE MUCHOS PUEBLOS, EN MUCHOS CONTINENTES.
AUN EN AQUELLOS PAÍSES EN DONDE LA REVOLUCIÓN TRIUNFÓ HUBO QUE SUPERAR EL CAOS ECONÓMICO QUE CREARON LA LUCHA Y EL DRAMA DEL COMBATE O DE LA GUERRA CIVIL.
AQUÍ PODEMOS HACER LA REVOLUCIÓN POR LOS CAUCES QUE CHILE HA BUSCADO, CON EL MENOR COSTO SOCIAL, SIN SACRIFICAR VIDAS Y SIN DESORGANIZAR LA PRODUCCIÓN.
YO LOS LLAMO CON PASIÓN, LOS LLAMO CON CARIÑO, LOS LLAMO COMO UN HERMANO MAYOR A ENTENDER NUESTRA RESPONSABILIDAD.
LES HABLO COMO EL COMPAÑERO PRESIDENTE PARA DEFENDER EL FUTURO DE CHILE, QUE ESTÁ EN MANOS DE USTEDES, TRABAJADORES DE MI PATRIA.

21 DE MAYO DE 1971. DÍA DE LA ARMADA. EL PRESIDENTE VISITÓ EL CONGRESO PARA SU PRIMERA CUENTA PÚBLICA A LA NACIÓN.
24 DE MAYO DE 1971, EL GOBIERNO ANUNCIÓ LA ESTATIZACIÓN DE LAS INDUSTRIAS TEXTILES DEL GRUPO YARUR, SUMAR, SAID E HIRMAS.
EL 25 DE MAYO DE 1971, ALLENDE REPUDIABA EL ASESINATO DEL CARABINERO TOMÁS GUTIÉRREZ OCURRIDO EL DÍA ANTERIOR EN UN ASALTO AL SUPERMERCADO MONTEMAR, EN UNA ACCIÓN ATRIBUIDA AL GRUPO RADICAL DE IZQUIERDA, VOP.
"AQUELLOS SECTORES QUE SE DICEN REVOLUCIONARIOS ESTÁN MANCILLANDO LA PALABRA REVOLUCIÓN Y SI UN PSEUDO REVOLUCIONARIO HA ACTUADO EN ESTE HECHO, LO SECAREMOS EN LA CÁRCEL."
MARTES 8 DE JUNIO DE 1971. 10:50 AM. CALLE HERNANDO DE AGUIRRE, ENTRE CARLOS ANTÚNEZ Y CARMEN SYLVA.
"LA SUBVERSIÓN DEBE HACERSE CON DELINCUENTES, PORQUE SON LOS ÚNICOS NO COMPROMETIDOS CON EL SISTEMA: LOS OBREROS LUCHAN SOLAMENTE POR AUMENTOS DE SUELDO...
...Y LOS ESTUDIANTES SON PEQUEÑOS BURGUESES JUGANDO A LA POLÍTICA. EN EL HAMPA ESTÁ LA CUNA DE LA REVOLUCIÓN."
ASÍ REZABA UNA PROCLAMA DEL GRUPO DE ULTRA IZQUIERDA VANGUARDIA ORGANIZADA DEL PUEBLO (VOP).
¡CRASH!
EL MISMO GRUPO QUE ASESINÓ AL EX MINISTRO DEL INTERIOR DE EDUARDO FREI MONTALVA, EDMUNDO PÉREZ ZUJOVIC, EN VENGANZA POR LA MASACRE DE PUERTO MONTT.
BRRAAP

LA HIJA DE PÉREZ ZUJOVIC, MARÍA ANGÉLICA, ESTUDIANTE UNIVERSITARIA, SALIÓ ILESA DEL ATAQUE.
EX MINISTRO PEREZ ZUJOVIC
"YO LE VENÍA DICIENDO A MI PAPÁ QUE ALGUIEN NOS SEGUÍA. AÚN MÁS, LE SUGERÍ QUE SACARA EL REVÓLVER, PERO ÉL NO ANDABA ARMADO", EL MERCURIO, 9 DE JUNIO DE 1971.
EN JUNIO DE 1969, EL CANTAUTOR VÍCTOR JARA INCLUYÓ EN SU LP "PONGO EN TUS MANOS ABIERTAS" LA CANCIÓN: PREGUNTAS POR PUERTO MONTT...
...EN LA QUE EXIGÍA EXPLICACIONES A PÉREZ ZUJOVIC, MINISTRO DEL INTERIOR DE ESE ENTONCES, POR LA MUERTE DE DIEZ POBLADORES EN UN CONFUSO INCIDENTE CON CARABINEROS.
EDMUNDO PÉREZ ZUJOVIC, 10 DE MARZO DE 1969.
NO SE TRATA, PUES, EN EL CASO DE PUERTO MONTT, DE LA EXPLOTACIÓN ESPONTÁNEA DE UN PROBLEMA HABITACIONAL AGUDO, SINO DEL RESULTADO LAMENTABLE DE INTERESES POLÍTICOS IRRESPONSABLES Y BASTARDOS...
... QUE NO HAN TREPIDADO EN JUGAR CON VIDAS HUMANAS DIGNAS Y VALIOSAS, SUBORDINÁNDOLAS A SUS INTERESES PARTIDISTAS INMEDIATOS.
ESE CRIMEN POLÍTICO, EL SEGUNDO EN OCHO MESES, ABRIÓ UNA PROFUNDA FISURA POLÍTICA ENTRE LA UP Y LA DC.
LA DC SE ACERCÓ AL PARTIDO NACIONAL PARA POTENCIAR SU COMÚN OPOSICIÓN AL GOBIERNO.
EN EL SERVICIO FÚNEBRE OFRECIDO EN LA CATEDRAL METROPOLITANA, LA FAMILIA DE PÉREZ ZUJOVIC DESALENTÓ LA PRESENCIA DE POLÍTICOS DE LA UP QUE FINALMENTE NO SE PRESENTARON.
EL GOBIERNO CONDENÓ EL ASESINATO, DECRETÓ TRES DÍAS DE DUELO EN EL PAÍS Y ZONA DE EMERGENCIA CON TOQUE DE QUEDA EN SANTIAGO. SE SUSPENDIERON LAS SALIDAS DE TRENES, MICROS, AVIONES Y AUTOS PARTICULARES DESDE LA CAPITAL.
LA POLICÍA DE INVESTIGACIONES, CON APOYO DEL EJÉRCITO Y CARABINEROS, REALIZÓ OPERATIVOS EN DIVERSOS BARRIOS POPULARES DE SANTIAGO...
...HASTA QUE FINALMENTE LOCALIZARON AL COMANDO EXTREMISTA.

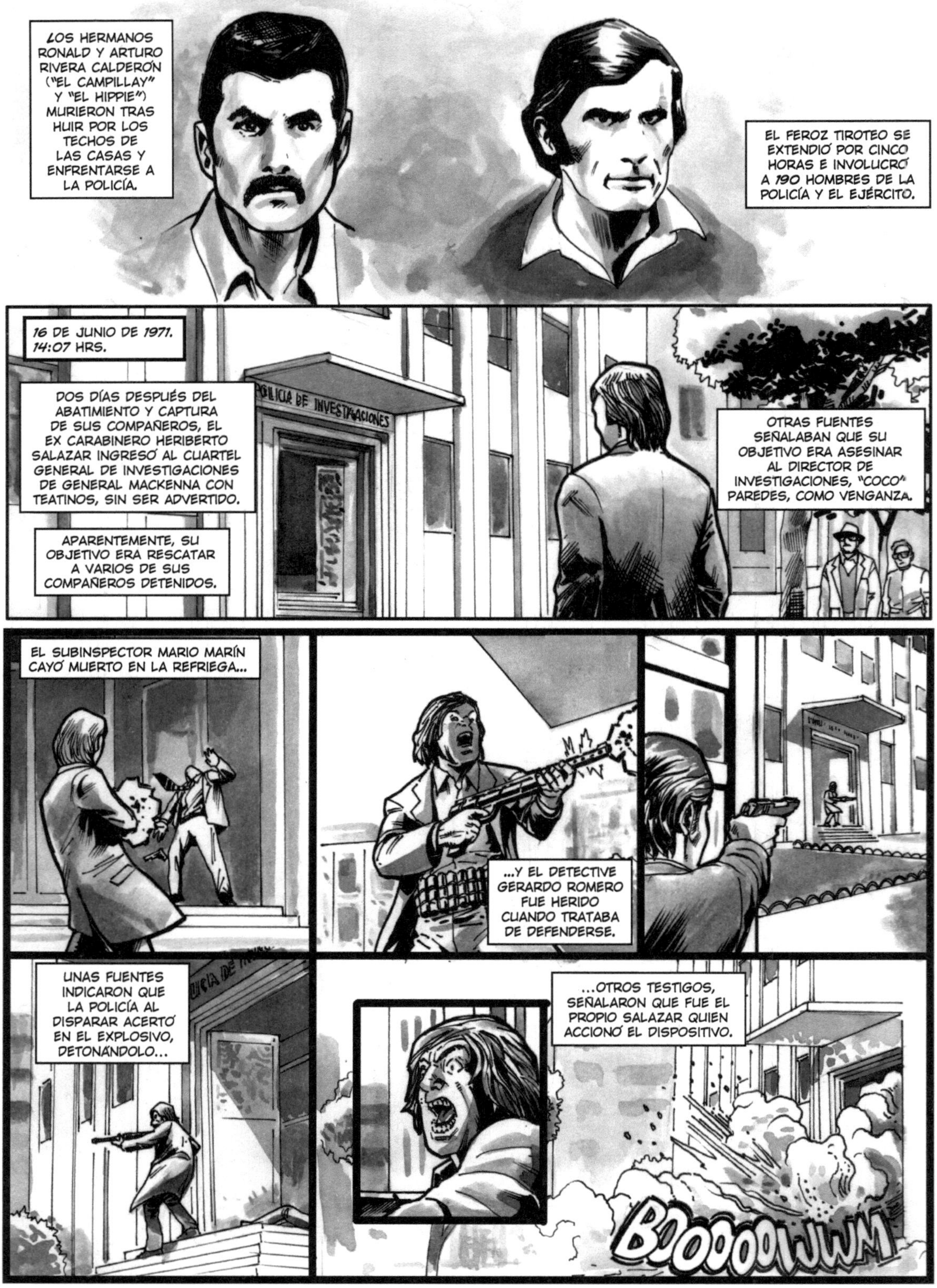
¿LOS HERMANOS RONALD Y ARTURO RIVERA CALDERÓN ("EL CAMPILLAY" Y "EL HIPPIE") MURIERON TRAS HUIR POR LOS TECHOS DE LAS CASAS Y ENFRENTARSE A LA POLICÍA.
EL FEROZ TIROTEO SE EXTENDIÓ POR CINCO HORAS E INVOLUCRÓ A 190 HOMBRES DE LA POLICÍA Y EL EJÉRCITO.
16 DE JUNIO DE 1971. 14:07 HRS.
DOS DÍAS DESPUÉS DEL ABATIMIENTO Y CAPTURA DE SUS COMPAÑEROS, EL EX CARABINERO HERIBERTO SALAZAR INGRESÓ AL CUARTEL GENERAL DE INVESTIGACIONES DE GENERAL MACKENNA CON TEATINOS, SIN SER ADVERTIDO.
POLICIA DE INVESTIGACIONES
APARENTEMENTE, SU OBJETIVO ERA RESCATAR A VARIOS DE SUS COMPAÑEROS DETENIDOS.
OTRAS FUENTES SEÑALABAN QUE SU OBJETIVO ERA ASESINAR AL DIRECTOR DE INVESTIGACIONES, "COCO" PAREDES, COMO VENGANZA.
EL SUBINSPECTOR MARIO MARÍN CAYÓ MUERTO EN LA REFRIEGA...
...Y EL DETECTIVE GERARDO ROMERO FUE HERIDO CUANDO TRATABA DE DEFENDERSE.
UNAS FUENTES INDICARON QUE LA POLICÍA AL DISPARAR ACERTÓ EN EL EXPLOSIVO, DETONÁNDOLO...
...OTROS TESTIGOS, SEÑALARON QUE FUE EL PROPIO SALAZAR QUIEN ACCIONÓ EL DISPOSITIVO.
BOOOOOUUM

EL CUERPO DESINTEGRADO DEL ÚLTIMO MIEMBRO DEL VOP FUE RECONOCIDO POR SU CABEZA Y UN BRAZO.
ENTRE LOS RESTOS DE SALAZAR SE ENCONTRÓ UNA BILLETERA CON UNA NOTA:
"SI EL TONTO DE ALLENDE HUBIERA SIDO INTELIGENTE SE HABRÍA EVITADO ESTAS MUERTES DE PARÁSITOS MALDITOS...
...ALLENDE PUDO EVITARLO SI NO HUBIERA HECHO TANTA ALHARACA POR LA MUERTE DEL ASESINO DE TANTOS TRABAJADORES. ES UN TRAIDOR."
EL VOPISTA ARTURO RIVERA CALDERÓN HABÍA SIDO UNO DE LOS POLÉMICOS INDULTADOS POR ALLENDE EL 5 DE ENERO.
7 DE JUNIO DE 1971. SACERDOTE RAÚL HASBÚN.
MIENTRAS MÁS CONOZCO A LOS REPRESENTANTES DEL PUEBLO, MÁS ADMIRO A LOS PERROS.
17 DE JUNIO DE 1971. LA CORPORACIÓN DE LA REFORMA AGRARIA (CORA) ANUNCIÓ LA EXPROPIACIÓN, HASTA ESA FECHA, DE 812 PREDIOS, 1 MILLÓN 880 MIL HECTÁREAS.
LA GENTE DE LA VOP SON FALSOS REVOLUCIONARIOS.
SON SOBRE TODO REVOLUCIONARIOS MEZCLADOS CON DELINCUENTES.
MARIO PALESTRO DECLARA EN EL MERCURIO: "NOSOTROS, SOCIALISTAS, RESPETAMOS EL HEROÍSMO DE ESTAS GENTES DEL VOP. QUE VAYAN POR MAL CAMINO, ESA ES OTRA CUESTIÓN".
EL 8 DE JULIO DE 1971, A LAS 23 HRS, UN TERREMOTO SACUDIÓ SANTIAGO, VALPARAÍSO Y EL NORTE CHICO. MURIERON 86 PERSONAS.
EL 13 DE JULIO DE 1971, MISIONEROS NORTEAMERICANOS ENVIARON UNA CARTA A RICHARD NIXON, PIDIENDO RESPETO POR EL DERECHO DE CHILE A CONSTRUIR SU PROPIO DESTINO.
AL DÍA SIGUIENTE, EL GOBIERNO CHILENO NACIONALIZABA LA PRIMERA INSTITUCIÓN EXTRANJERA DE LA BANCA PRIVADA: EL BANK OF AMERICA.
con la reconstrucción renace la vida
reconstrucción de la zona asolada por sismos
CHILE NO DEBE TRANSFORMARSE EN UNA NUEVA CUBA.
11 DE JULIO DE 1971. EDUARDO FREI EN EL DIARIO ITALIANO CORRIERE DELLA SERA.

12:30 HRS. 15 DE JULIO DE 1971. SALÓN ROJO DE LA MONEDA.
EL 11 DE JULIO, DÍA DE LA "DIGNIDAD NACIONAL", EL CONGRESO VOTÓ UNÁNIMEMENTE PARA QUE LAS MINAS DE COBRE PASARAN A SER PROPIEDAD "EXCLUSIVA, INALIENABLE E IMPRESCRIPTIBLE" DEL ESTADO CHILENO.
ALLENDE FIRMÓ LA REFORMA CONSTITUCIONAL QUE LE OTORGÓ LOS INSTRUMENTOS LEGALES PARA EJERCER PROPIEDAD SOBRE LOS YACIMIENTOS DE COBRE DEL PAÍS...
...QUE ESTABAN BAJO EL CONTROL DE LOS CAPITALES EXTRANJEROS DE ANACONDA, KENNECOTT Y CERRO CORPORATION.
SEÑORAS, SEÑORES, ESTE ACTO TIENE UNA EXTRAORDINARIA TRASCENDENCIA Y PODRÍA DECIR QUE ES QUIZÁS EL MÁS IMPORTANTE DESPUÉS DE NUESTRA INDEPENDENCIA.
ESTA REFORMA SATISFACE UN AMPLIO ANHELO DEL PUEBLO DE CHILE...
...MÁS ALLÁ DE LAS FRONTERAS QUE DIVIDEN, A VECES, APASIONADAMENTE A LOS HOMBRES...
CHILE SE PONE PANTALONES LARGOS
ahora el cobre es chileno!!
...UNA GRAN CONCIENCIA NACIONAL SE HA HECHO PRESENTE PARA HACER POSIBLE QUE CHILE...
...CON ESTA REFORMA, EMPIECE A CAMINAR...
...HACIA SU DEFINITIVA INDEPENDENCIA ECONÓMICA.
Cobre ya eres Patria
NACIONALIZACION DEL COBRE
LEY Nº 17.450
1971
CORREOS DE CHILE
"LA PATRIA CONQUISTA SU FUTURO", EL SIGLO.
"CHILE INICIA HOY SU SEGUNDA INDEPENDENCIA", ÚLTIMA HORA.

31 DE JULIO DE 1971.
JUAN BOSCO PARRA, DIPUTADO DEMÓCRATA CRISTIANO DEL SECTOR TERCERISTA, PROCLIVE A LA IZQUIERDA, RENUNCIÓ JUNTO A GRUPO DE CAMARADAS A SU MILITANCIA DC.
HE LLEGADO AL CONVENCIMIENTO DE QUE LAS POSICIONES CRISTIANAS DE IZQUIERDA NO TIENEN PERSPECTIVAS REALES DENTRO DEL PARTIDO.
LUIS MAIRA. IZQUIERDA CRISTIANA.
LA JUSTIFICACIÓN ESENCIAL DE LA IZQUIERDA CRISTIANA ES COMPRENDER EL APORTE PROPIO DE LOS CRISTIANOS EN LA CONSTRUCCIÓN DE UNA SOCIEDAD SOCIALISTA.
EL 5 DE AGOSTO DE 1971, RAFAEL GUMUCIO Y JACQUES CHONCHOL, ENTRE OTROS, RENUNCIABAN AL MAPU PARA INGRESAR A LA IZQUIERDA CRISTIANA.
12 DE AGOSTO DE 1971.
ESTAMOS ENCIMA DE LA POSIBILIDAD DE UNA GUERRA CIVIL.
NO EXAGERES.
PORQUE EL PRESIDENTE SE QUEDA EN SILENCIO, LA DERECHA TIENE ATERRADO AL PAÍS CON SU MANIOBRA ECONÓMICA.
RECUERDO HABER IDO A VER UN FILM DE HELVIO SOTO, EN EL QUE LOS PERSONAJES SE DEFINÍAN MÁS POR SUS IDEAS QUE POR SUS ACCIONES.
¿Y TÚ QUIERES QUE NOSOTROS TRANQUILICEMOS AL PAÍS?
UNA DE LAS TESIS DE LA PELÍCULA ERA QUE LA VICTORIA DE LA UP ERA INSOSTENIBLE SIN LA REVOLUCIÓN ARMADA CONTRA LA DERECHA GOLPISTA.
POR LO MENOS QUIERO QUE NOSOTROS COMO DEMOCRACIA CRISTIANA NO PARTICIPEMOS EN UN COMPLOT.
ESTAMOS CONVIRTIÉNDONOS EN ALIADOS DE LA DERECHA.
TRES TRISTES TIGRES DE RAÚL RUIZ, ERA CONSIDERADA UNA DE LAS MEJORES CINTAS DE LA ÉPOCA.
EL NUEVO CINE CHILENO ERA PRECARIO, DISPAREJO...
...POTENTE, DISCURSIVO, INTELECTUAL.
VOTO+FUSIL
FIEL REFLEJO DE SU TIEMPO.

4 DE SEPTIEMBRE DE 1971. ESTADIO NACIONAL. CELEBRACIÓN DEL PRIMER AÑO DE GOBIERNO DE LA UNIDAD POPULAR.
PRIMER AÑO DEL GOBIERNO DEL PUEBLO
DESFILE DE LOS TRABAJADORES
MENSAJE DEL PRESIDENTE ALLENDE
4 DE NOVIEMBRE
AVDA. GRECIA – EST. NACIONAL
PUEBLO DE CHILE, PUEBLO DE SANTIAGO: HACE UN AÑO, EN ESTE MISMO Y AMPLIO ESTADIO, DIJE QUE EL PUEBLO HABÍA DICHO: VENCEREMOS, Y VENCIMOS...
EL PUEBLO DE CHILE HA RECUPERADO LO QUE LE PERTENECE. HA DERROTADO LOS MONOPOLIOS PERTENECIENTES A LA OLIGARQUÍA.
CONTROLAMOS EL 90% DE LO QUE FUERA LA BANCA PRIVADA: 16 BANCOS, LOS MÁS PODEROSOS, SON HOY PATRIMONIO DE CHILE Y DEL PUEBLO.
MÁS DE 70 EMPRESAS MONOPÓLICAS Y ESTRATÉGICAS HAN SIDO EXPROPIADAS, INTERVENIDAS, REQUISADAS O ESTATIZADAS.
HEMOS ACENTUADO Y PROFUNDIZADO EL PROCESO DE REFORMA AGRARIA.

HA HABIDO ESCASEZ TRANSITORIA DE ALGUNOS PRODUCTOS, POR EL MAYOR PODER DE COMPRA DE LAS MASAS, POR LA TENDENCIA AL ACAPARAMIENTO DE CIERTOS SECTORES QUE COMPRAN MÁS DE LO QUE NECESITAN.
UP
AQUÍ NO HAY UN SOLO POLÍTICO PRESO, PESE A QUE HAY ALGUNOS QUE ABUSAN DE LA LIBERTAD Y MERECERÍAN ESTAR EN LA CÁRCEL. AQUÍ SE RESPETA LA AUTONOMÍA UNIVERSITARIA.
NO HAY UNA SOLA REVISTA CLAUSURADA, HAN NACIDO DESPUÉS DEL 4 DE SEPTIEMBRE DOS O TRES DIARIOS Y CINCO O SEIS REVISTAS.
ALGUNAS DE ELLAS VENENOSAS, COMO NUNCA LAS VIERA CHILE...
... PERO ALLÍ ESTÁN, TODOS LOS DÍAS ALGUNOS, PERIÓDICAMENTE OTROS, ENTREGANDO INSIDIAS CONTRA EL GOBIERNO DEL PUEBLO, A VEINTE METROS DE LA MONEDA.

QUEREMOS SEÑALAR QUE LOS ULTRAS, QUE LOS FILOFASCISTAS, LOS SEUDONACIONALISTAS, HABLAN HOY DÍA UN NACIONALISMO DEMAGÓGICO QUE EL PUEBLO REPUDIA.

SON LOS TROGLODITAS Y LOS CAVERNARIOS, DE UN ANTICOMUNISMO DESTINADO A DEFENDER GRANJERÍAS DE LOS GRUPOS MINORITARIOS.

¡EL PUEBLO LOS ATAJARÁ Y NO PASARÁ EL FASCISMO A NUESTRO PAÍS!

HAY CIERTOS SECTORES EXTREMISTAS A QUIENES LES DIGO YO QUE NO TEMEMOS AL DIÁLOGO, A LA DISCUSIÓN IDEOLÓGICA, PERO PARA EMPEZAR ES BUENO QUE SE LEAN EL LIBRITO DE LENIN QUE DICE: EXTREMISMO, ENFERMEDAD INFANTIL DEL COMUNISMO.

HEMOS RECIBIDO LA AGRESIÓN DE LA PRENSA ORGANIZADA.

YO ME VI EN LA OBLIGACIÓN DE TOMAR UNA MEDIDA DRÁSTICA CON LA UPI. AL PRINCIPIO DIJE EN UNA CONCENTRACIÓN QUE IBA A CERRAR ESA AGENCIA EN CHILE Y DESPUÉS RESOLVÍ TOMAR OTRAS MEDIDAS QUE SALVAGUARDABAN NUESTRA DIGNIDAD.

HAY QUE TERMINAR CON EL SECTARISMO Y EL EXCLUSIVISMO.

NO A LA ESPECULACIÓN CON LAS NECESIDADES DEL CONSUMIDOR.

NO CONTRA LOS PEQUEÑOS COMERCIANTES, SINO CON ELLOS, COMBATIENDO A LOS ESPECULADORES.

SOLIDARIDAD DE CLASES, MANO TENDIDA A LOS TRABAJADORES, POBLADORES, CAMPESINOS, SEAN O NO SEAN DE LA UNIDAD POPULAR.

14 DE OCTUBRE DE 1971.
TORRES Santa Emiliana
¿QUÉ TE PARECE, JOHN? EL "COMPAÑERO" ALLENDE DECIDIÓ DESCONTAR...
¡774 MILLONES DE DÓLARES POR BENEFICIOS EXCESIVOS DEL TOTAL DE LAS INDEMNIZACIONES DE LAS COMPAÑÍAS NORTEAMERICANAS DE COBRE!
QUE EQUIVALE A DECIRLES: ¡NO VOY A PAGARLES NADA! Y NO SOLO NO LOS INDEMNIZA, SINO QUE LOS CONVIERTE EN DEUDORES DEL ESTADO CHILENO.
MARCEL NEUMANN. NUNCA SABÍA SI HABLABA EN SERIO O ESTABA BROMEANDO.
Y EL EMBAJADOR KORRY DEJA EL PAÍS MIENTRAS LA IRA DE WASHINGTON Y DE TUS AMIGUITOS DE LA FIESTA DE LA EMBAJADA SE DESATA...
...DE SEGURO A ESTA HORA ESTÁN PIDIENDO LA CABEZA DE ALLENDE CON UN JUGOSO CHEQUE EN LA MANO.
MARCEL ¿TE HAS FIJADO EN LAS MUCHEDUMBRES DE AMBOS BANDOS?
UNOS ALEGRES, OTROS FURIOSOS.
TODOS ESTÁN LLENOS DE UNA PASIÓN DESMEDIDA QUE NO HABÍA VISTO ANTES. ENVALENTONADOS, DECIDIDOS.
Y TEMEROSOS. CON MIEDO A PERDER LO GANADO.
HAY TENSIÓN Y LA TENSIÓN TARDE O TEMPRANO ESTALLA.
TE CONCEDO ESTO: ES INÚTIL INTENTAR COMPRENDER LO QUE PASA EN CHILE...
... ÚNICAMENTE A PARTIR DE LOS PARÁMETROS POLÍTICOS...
¡CUIDADO!

POBLADORES MIRISTAS DEL EMBLEMÁTICO CAMPAMENTO NUEVA LA HABANA SE ENFRENTARON A CARABINEROS EN LA PLAZA BULNES.
SE REFUGIARON EN LA CASA CENTRAL DE LA UNIVERSIDAD DE CHILE...
...CON EL USO DE GASES LACRIMÓGENOS FUERON FINALMENTE DISPERSADOS.
¡PERIODISTAS, SOMOS PERIODISTAS!

21 DE OCTUBRE DE 1971.
HASTA LA VICTORIA SIEMPRE
OTRO MOMENTO INOLVIDABLE PARA COMPARTIR CON CLAUDIA Y JOSÉ.
CHILE ESTÁ DE FIESTA. AMÉRICA ESTÁ DE FIESTA, TODOS ESTAMOS DE FIESTA. LA NIEVE DE ESTOCOLMO, YA LO DIJE, NO IMPORTA.
AQUÍ ESTAMOS CASI INCRÉDULOS, CHILENOS TODOS...
...AMARILLOS, VERDES, AZULES. RECIBAN A TRAVÉS DE LA TELEVISIÓN ESTE OBSEQUIO...
...QUE LES HA CONSEGUIDO CON AMOR UNO DE SUS HIJOS: PABLO NERUDA...
...EL HIJO DE OBRERO QUE ESTRECHA LA MANO DE UN REY.
¡COMPAÑERO PABLO NERUDA!
¡PRESENTE! ¡AHORA Y SIEMPRE!

10 DE NOVIEMBRE DE 1971.
EN MEDIO DE UNA CRECIENTE CRISIS ECONÓMICA, UNA UP EUFÓRICA RECIBIÓ AL LÍDER DE LA REVOLUCIÓN CUBANA FIDEL CASTRO.
LA VISITA OFICIAL, EN PRINCIPIO DE POCO MÁS DE UNA SEMANA, SE EXTENDIÓ POR CASI 25 DÍAS. LO QUE PARA MUCHOS FUE CASI COMO APAGAR EL FUEGO CON BENCINA.
A SU ARRIBO, CASTRO REGALÓ A ALLENDE UN FUSIL DE ASALTO AK-47 CON EL SIGUIENTE MENSAJE GRABADO:
"A MI BUEN AMIGO SALVADOR, DE FIDEL, QUE POR DIFERENTES MEDIOS INTENTA ALCANZAR LOS MISMOS OBJETIVOS."
EL LÍDER CUBANO REALIZÓ UN FRENÉTICO PROGRAMA DE ACTIVIDADES CON MARATÓNICOS DISCURSOS EN UNIVERSIDADES Y ESTADIOS A LO LARGO DE TODO CHILE, ACUSANDO DE "REACCIONARIOS" Y "CÓMPLICES DEL IMPERIALISMO" A TODOS LOS MEDIOS OPOSITORES.
CASTRO HABLÓ DE EDUCACIÓN, DE LA HERMANDAD CHILENO-CUBANA, DE LA NACIONALIZACIÓN DE LOS RECURSOS NATURALES Y DE LOS DESAFÍOS DE LA REVOLUCIÓN EN AMÉRICA LATINA.
LA DERECHA CONSIDERÓ SU VISITA COMO UNA PROVOCACIÓN, PUES LA FIGURA DEL "ABOMINABLE BARBUDO" PREFIGURABA UNO DE SUS MAYORES TEMORES: EL DOMINIO COMUNISTA DEL PAÍS.

SERGIO ONOFRE JARPA, PRESIDENTE DEL PARTIDO NACIONAL, DECLARÓ QUE CASTRO VENÍA A DAR LECCIONES QUE LOS CHILENOS NO NECESITABAN.
EL DIPUTADO DE DERECHA VÍCTOR CARMINE PRESENTÓ UN PROYECTO PARA PEDIR EL TÉRMINO DE SU VISITA, POR CONSIDERARLA UNA INTROMISIÓN EN LOS ASUNTOS INTERNOS DEL PAÍS.
FUE EL CHILE POPULAR EL QUE BRINDÓ A CASTRO UNA ACOGIDA INOLVIDABLE.
CASTRO DIVIDIÓ A LOS PARTIDARIOS DE LA UP.
¡FIDEL!
CHILE TE ABRE SU CORAZON
El doctor Allende y el pueblo reciben a las 5 al héroe cubano
CLARÍN
NANCY ENLOQUECIÓ A PARACAIDISTA: MATÓ A SU RIVAL
¡EXIJA EL POSTER DE FIDEL!
eva
Dr. MORTIS
SU PROLONGADA ESTADÍA AUMENTÓ LAS AGRESIONES DE LA DERECHA...
...CALDEÓ LOS ÁNIMOS DE LA IZQUIERDA QUE SOÑABA CON EL ENFRENTAMIENTO ARMADO...
...Y RESTÓ CREDIBILIDAD A LA "VÍA CHILENA AL SOCIALISMO".
PARA SALVADOR ALLENDE LA VISITA DE CASTRO LLEGABA JUSTO EN EL MOMENTO EN QUE LA ULTRA IZQUIERDA LO ACUSABA DE REFORMISTA...
...PERO LA PRESENCIA DEL LÍDER CUBANO LE GARANTIZÓ CIERTO ESPÍRITU REVOLUCIONARIO QUE MUCHOS LE RESTABAN A UN RÉGIMEN QUE LE DEBÍA TODO AL VOTO DEMOCRÁTICO...
...Y NADA A LA LUCHA ARMADA.

LA VISITA DE UNA SERIA Y MUY COMPUESTA DELEGACIÓN FRANCESA FORMADA POR FRANCOIS MITTERRAND (BAUTIZADO POR LA PRENSA CHILENA COMO EL ALLENDE FRANCÉS),...
...GASTON DEFERRE Y CLAUDE ESTIER, PASÓ DESAPERCIBIDA ANTE LA EXCENTRICIDAD Y EL CARISMA DE CASTRO.
FRANCOISE MITTERRAND DECLARÓ EN LE MONDE DE NOVIEMBRE DE 1971:
"EL 'MODELO CHILENO' PARECE HABER CONSEGUIDO TRANSFORMAR DE ARRIBA ABAJO LAS ESTRUCTURAS ECONÓMICAS MANTENIENDO LAS LIBERTADES INDIVIDUALES.
ALLENDE NOS HA FASCINADO POR EL MAGISTERIO MORAL QUE PARECE EJERCER SOBRE SUS COMPAÑEROS Y POR SU DETERMINACIÓN POR PRESERVAR EL ACTIVO DEMOCRÁTICO DE SU PAÍS."
EL AMBIENTE ESTABA CALDEADO.
2 DE NOVIEMBRE, MIGUEL ENRÍQUEZ, SECRETARIO GENERAL DEL MIR ENCENDIÓ LA MECHA EN EL TEATRO MUNICIPAL DE TEMUCO...
...EN UN HOMENAJE A MOISÉS HUENTELAF, MUERTO EN UNA TOMA DE FUNDO.
LAS ÚNICAS ALTERNATIVAS HOY EN CHILE SON: SOCIALISMO O FASCISMO.
EL MIR SOSTIENE QUE, A PESAR DE QUE NO CONCORDAMOS CON CADA PASO DE LA UNIDAD POPULAR,
...QUE A PESAR DE QUE TENGAMOS DIFERENCIAS CON ASPECTOS DE SU POLÍTICA...
...ELLO NO SIGNIFICA QUE TENGAMOS QUE IR A UNA RUPTURA DEFINITIVA.
¡CÓMO NO QUISIERAN LAS CLASES DOMINANTES QUE EL PUEBLO SE DIVIDIERA DEFINITIVAMENTE!
¡CÓMO NO QUISIERAN EL MERCURIO, LA PRENSA, LA TRIBUNA QUE LA IZQUIERDA COMENZARA UNA LUCHA FRATRICIDA!
EL MIR BUSCA LA UNIDAD DE TODO EL PUEBLO, DE TODA LA IZQUIERDA, PARA ENFRENTAR EN DEFINITIVA A LAS CLASES DOMINANTES NACIONALES Y EXTRANJERAS.
COMPAÑERO MOISES HUENTELAF
INADO POR EL FASCISM
LOS QUE HACEN CONCESIONES CREYENDO QUE ASÍ PUEDEN TRANQUILIZAR A LOS SECTORES MÁS ESTRIDENTES DE LA CLASE DOMINANTE...
...NO HACEN OTRA COSA QUE FAVORECER LOS JUEGOS TÁCTICOS DE LA SEDICIÓN.
LAS CONCESIONES LE PAVIMENTAN EL CAMINO A LA SEDICIÓN.
OBRERO Y
AMPESIN
MIR
LA UP NO TARDÓ EN CONTESTAR.

LA PRENSA: "MIR SERÁ REPUDIADO POR LA CLASE OBRERA.
EL PRIMER OBJETIVO DEL ATAQUE DEL MIR ES LA POLÍTICA AGRARIA DEL GOBIERNO. SE LE IMPUTA A LA UNIDAD POPULAR UTILIZAR UNA LEY DEMOCRATACRISTIANA PARA ACELERAR LAS EXPROPIACIONES.
USAR LA LEY QUE EXISTE PARA AVANZAR Y MEJORAR LA CORRELACIÓN DE FUERZAS EN FAVOR DEL GOBIERNO DE LA UP...
...PARA ASEGURAR EL DICTAMEN DE UNA NUEVA LEY CON EL APOYO DE LA MAYORÍA, ESO ES UNA POLÍTICA REVOLUCIONARIA.
LO QUE EL MIR PROPUGNA EN EL CAMPO, UNA POLÍTICA INDISCRIMINADA DE TOMAS...
UNIDAD POPULAR REPUDIA
...SIGNIFICA ENAJENARSE EL APOYO DE MILES DE PEQUEÑOS PROPIETARIOS AGRÍCOLAS. A ESO CONDUCE LA POLÍTICA DEL MIR".
¡HIJOS DE PUTA!
¡CRAC!
1 DE DICIEMBRE DE 1971. EN PLAZA ITALIA SE REALIZÓ UNA MULTITUDINARIA PROTESTA...
...CONTRA EL GOBIERNO DE LA UP ENCABEZADA POR MUJERES DE CLASE MEDIA Y ALTA EN PROTESTA POR EL DESABASTECIMIENTO.
¡ALLENDE ESCUCHA, LAS MUJERES SOMOS MUCHAS!
¡PLEBISCITO! ¡PLEBISCITO! NO TE HAGÁS EL CUCHITO
FUE LLAMADA "LA MARCHA DE LAS OLLAS VACÍAS".
"LOS CONTRAMANIFESTANTES HICIERON USO DE TODA CLASE DE ARMAS CONTUNDENTES PARA AGREDIR A LAS MUJERES...
"BRIGADAS DE CONTRAMANIFESTANTES DIERON ORIGEN A GRAVES INCIDENTES CON CARABINEROS QUE ARROJARON BOMBAS LACRIMÓGENAS", EL MERCURIO, 2 DE DICIEMBRE DE 1971.
¡EN LA OLLA NO HAY UN HUESO Y EL GOBIERNO SE HACE EL LESO!
...Y LES LANZARON PIEDRAS DE GRAN TAMAÑO, LO QUE PROVOCÓ UN SALDO DE NUMEROSOS HERIDOS", EL MERCURIO, 2 DE DICIEMBRE DE 1971.

MIR
LAS MANIFESTANTES IBAN ESCOLTADAS POR MILITANTES DE EXTREMA DERECHA QUE NO SE DEMORARON EN ENTRAR EN BATALLA CONTRA LOS ELEMENTOS DEL MIR.
EN LA EDICIÓN DE LE MONDE DEL SÁBADO 4 DE DICIEMBRE DE 1971, SE CONSIGNAN LAS "NUMEROSAS REFRIEGAS QUE TUVIERON COMO RESULTADO 96 HERIDOS, DE LOS CUALES 7 SE ENCUENTRAN EN ESTADO GRAVE".
"SON HECHOS DEMOSTRATIVOS DE QUE SE TRATA DE UN PLAN SEDICIOSO ORQUESTADO, DE TODA UNA ESTRATEGIA DE PROVOCACIÓN, DE ATAQUE CONTRA LA FUERZA PÚBLICA, DIRIGIDO A DESTRUIR EL RÉGIMEN DEMOCRÁTICO Y EL IMPERIO DE LA LEY."
DECLARACIÓN PÚBLICA DEL MINISTRO DEL INTERIOR JOSÉ TOHÁ, 3 DE DICIEMBRE DE 1971.
EL MINISTRO DEL INTERIOR ANUNCIÓ EL CIERRE DE DOS EMISORAS DE RADIO DE LA OPOSICIÓN "ACUSADAS DE DIFUNDIR FALSAS NOTICIAS, DE HABLAR DE MUERTOS DURANTE LAS ALGARADAS", LE MONDE, SÁBADO 4 DE DICIEMBRE DE 1971.
3 DE DICIEMBRE DE 1971.
EL TOQUE DE QUEDA TRANQUILIZARÁ A TODO EL MUNDO.
DEBIDO A LOS GRAVES DESÓRDENES Y ATENTADOS TRAS LA MARCHA DE LAS OLLAS VACÍAS, PINOCHET, QUE EN ESE ENTONCES ERA EL JEFE DE ZONA DE EMERGENCIA, DICTÓ UN BANDO QUE CONTEMPLABA ESTADO DE EMERGENCIA Y TOQUE DE QUEDA POR VARIOS DÍAS.
LA DC ACUSÓ CONSTITUCIONALMENTE A JOSÉ TOHÁ, POR SU RESPONSABILIDAD EN LOS LAMENTABLES HECHOS DE "LA MARCHA DE LAS CACEROLAS VACÍAS".

20 DE DICIEMBRE DE 1971.
LOS CONFLICTOS DE LA UP SE HABÍAN AGUDIZADO. ALLENDE FUE AMENAZADO POR LA DERECHA Y CUESTIONADO POR PARTE DE LA IZQUIERDA MÁS EXTREMA QUE SENTÍA QUE EL PROCESO REVOLUCIONARIO ERA LENTO.
EL SECTOR MÁS DURO DE LA DC ACUSÓ A TOHÁ DE TOLERAR GRUPOS ARMADOS (INCLUÍAN EN LA CATEGORÍA AL GRUPO DE AMIGOS DEL PRESIDENTE, LOS GAP) Y DE ALTERAR EL DERECHO DE REUNIÓN. TOHÁ ARRIESGABA SUSPENSIÓN.
LA DC DIO OTRO GOLPE BAJO A LA UP LOGRANDO QUE SE ADOPTARA UNA REFORMA CONSTITUCIONAL QUE RESTRINGÍA LOS ALCANCES DEL ARTÍCULO 520 EN EL QUE EL GOBIERNO SE HABÍA APOYADO PARA NACIONALIZAR DIVERSAS EMPRESAS.
DESDE ESE MOMENTO, CUALQUIER EMBARGO DEBERÍA SER RATIFICADO POR AMBAS CÁMARAS.
PERO PARADÓJICAMENTE EL GOBIERNO NO TENÍA MAYORÍA EN ELLAS.
SI EL PRESIDENTE SE NEGABA A PROMULGAR ESA REFORMA Y EL CONGRESO RECHAZABA EL VETO PRESIDENCIAL, ALLENDE TENÍA UNA ÚNICA SALIDA...
...CONVOCAR A UN PLEBISCITO.
LOS PARTIDOS DE LA UP ELABORARON UN DOCUMENTO, LA "DECLARACIÓN DE DICIEMBRE", QUE FUE LEÍDO POR LA SENADORA SOCIALISTA MARÍA ELENA CARRERA EN UN MITIN EN LA PLAZA BULNES DE SANTIAGO.

HEMOS HECHO A CHILE DUEÑO DE SU GRAN RIQUEZA, CONSTITUIDA POR LA MAYOR RESERVA DE COBRE DEL MUNDO...
... LE DEVOLVIMOS EL SALITRE POR EL QUE DIO LA VIDA BALMACEDA; EXTENDIMOS LA REFORMA AGRARIA.
MARÍA ELENA CARRERA, SENADORA SOCIALISTA, 20 DE DICIEMBRE DE 1971.
ROMPIMOS EL NUDO GORDIANO DE LA DOMINACIÓN DE LOS PLANES FINANCIEROS EN LOS BANCOS Y HEMOS PUESTO BAJO EL CONTROL DE LA SOCIEDAD GRANDES EMPRESAS MONOPÓLICAS.
LO DECIMOS UNA VEZ MÁS: NOS ENORGULLECEMOS DE CUANTO HEMOS HECHO.
HA HABIDO DESABASTECIMIENTOS PARCIALES. LOS QUE ANTES DEL GOBIERNO POPULAR LUCRABAN CON EL HAMBRE DEL PUEBLO...
...SIGUEN TRATANDO DE EXTORSIONAR Y ESPECULAR A COSTA DE LA MAYOR CAPACIDAD ADQUISITIVA DE LOS SUELDOS Y SALARIOS.
LAS PROPIAS MASAS POPULARES SE ENCARGARÁN DE EVITARLO A TRAVÉS DE SU CONTROL Y DENUNCIA.
DENUNCIAMOS LA CONSPIRACIÓN INTERNACIONAL CONTRA LA INDEPENDENCIA DE LA PATRIA, QUE MANEJAN DESDE LAS SOMBRAS LOS MONOPOLIOS QUE PERDIERON SUS GRANDES MINAS EN CHILE.
ACUSAMOS A LOS AGENTES INTERNOS DE LA SEDICIÓN, DE ESTAR AL SERVICIO DE ESOS ENEMIGOS FORÁNEOS.

YA ESTÁN EN LA CÁRCEL O SE HAN FUGADO DEL PAÍS ALGUNOS PROPIETARIOS...
...Y GERENTES QUE TRAFICARON, DOLOSAMENTE, CON LOS DÓLARES QUE EL PAÍS NECESITA PARA ALIMENTARSE Y PROGRESAR.
UP

HOY, ESOS DELINCUENTES BUSCAN LA IMPUNIDAD FINANCIANDO Y ALENTANDO LOS GRUPOS FASCISTAS.
TAMBIÉN ESTÁN ENTRE LOS QUE PROMUEVEN LAS ACUSACIONES CONSTITUCIONALES CONTRA LOS MINISTROS DEL GOBIERNO POPULAR.
LA ESCALADA SEDICIOSA TIENE EL RESPALDO DE FORAJIDOS DISPUESTOS A SUMIR A CHILE EN UN BAÑO DE SANGRE.

HA LLEGADO LA HORA DE DISTINGUIR CLARAMENTE ENTRE OPOSICIÓN Y SEDICIÓN.
DE LO QUE SE TRATA ES DEL AFÁN DE HACER RETROCEDER A CHILE, DE RESTAURAR EL LATIFUNDIO, DE SOMETERNOS A LA ANACONDA Y A LA BRADEN.

EL PUEBLO DICE ROTUNDAMENTE QUE NO LO TOLERARÁ. EL PROCESO DE CAMBIOS NO TIENE RETORNO.
HOY, EN CADA ORGANIZACIÓN POPULAR, QUE LO SEPAN LOS REACCIONARIOS Y LOS FASCISTAS, SOMOS MILES Y MILES DE HOMBRES Y MUJERES QUE ESTAMOS DISPUESTOS...
... A OFRENDAR LA VIDA PARA DEFENDER LA DIGNIDAD, LA LIBERTAD Y EL PORVENIR DE CHILE.
¡NO NOS MOVERÁN! ¡CHILE CONTINUARÁ SIENDO CHILE!
¡SEGUIREMOS ADELANTE! ¡VENCEREMOS!
"SI LA OPOSICIÓN QUIERE EL PLEBISCITO, LO TENDRÁ", ASEGURÓ ALLENDE.
LA HUELGA DE LOS OBREROS DE CHUQUICAMATA RECHAZABA UN REAJUSTE DEL 22%.
EL MINISTRO DE MINERÍA, ORLANDO CANTUARIAS, ACUSÓ A REVISTA ERCILLA DE ALENTAR EL PARO Y LA UP ORDENÓ NO CURSAR EL PAGO DE 12 MILLONES DE DÓLARES A LAS COMPAÑÍAS DE COBRE NORTEAMERICANAS.
EL CONFLICTO AUMENTABA. EL GOBIERNO SOCIALISTA DABA LA IMPRESIÓN DE ESTAR EN PERMANENTE DISCUSIÓN CON SUS TRABAJADORES.
COBRE
CHUQUICAMATA
EL 16 DE ENERO LA UP IBA A ENFRENTAR ELECCIONES PARCIALES PARA UN SENADOR Y UN DIPUTADO EN DOS PROVINCIAS. LA DERECHA Y EL PDC PREPARABAN UNA ARREMETIDA CONJUNTA.
LA RUPTURA ENTRE EL CENTRO POLÍTICO Y LA UP FUE EVIDENTE. LAS DECLARACIONES DEL RECIENTEMENTE PRESIDENTE ELECTO DE LA DEMOCRACIA CRISTIANA RENÁN FUENTEALBA FUERON CLARAS.
¿VAN USTEDES A NEGAR A ALLENDE "EL PAN Y LA SAL", DESPUÉS DE REPROCHAR A LA IZQUIERDA QUE HUBIESE HECHO LO MISMO DURANTE LA PRESIDENCIA DE FREI?
NUESTRA ACUSACIÓN CONTRA EL MINISTRO TOHÁ ES ÚNICAMENTE UNA LLAMADA DE ATENCIÓN PARA QUE RECTIFIQUE UNA POLÍTICA ERRÓNEA...
...PERO EN EL CASO DE UN GOLPE MILITAR, DESDE LUEGO QUE ESTARÍAMOS AL LADO DEL GOBIERNO SIN NINGÚN TIPO DE RESERVA.

«Pinochet parece un militar común, amistoso, de pocas luces, totalmente imbuido en el nuevo campo de seguridad, orden público y acontecer político. Y que claramente disfruta sentirse importante.»

Cable secreto de la CIA

«[...] un texto escrito sobre la realidad, producido en base a la memoria, no es la realidad; tampoco es la memoria: es otra transformación que se produce mediante la escritura y la lectura.»

Jorge Montealegre

1972

ENERO DE 1972.
JUÍSTETE DE MI VIDA PERO GORVISTE. GORVISTE CON EL ARMA DESTROZADA, GORVISTE CON LA ILUSIÓN.
NO SÉ HASTA CUÁNDO VOY A AGUANTAR. MUCHOS DE MIS COLEGAS ESTÁN PARADOS PORQUE YA NO HAY REPUESTOS. LA COSA SE VIENE MUY FEA.
ERES UN SOBREVIVIENTE MARCELO, SALDRÁS ADELANTE.
ES AQUÍ EN LA ESQUINA...
DE HABEL PELDIDO UN AMOL Y EN UN CHARCO DE SANGRE LA ENCONTRÉ
JUÍSTETE, JUÍSTETE, JUÍSTETE, PERO GORVISTE CHACAL DE MI CARIÑORS...
¿Y SE VA JUNTAR CON SU AMIGA, LA PALTONA UPELIENTA QUE CONOCIMOS EN LA PEÑA?
¿CLAUDIA? NO, NO...
ORVÍDATE MALVADARS, ORVÍDATE TE RUEGO, ORVÍDATE TE PIDORS,

OIGA...YO TENGO MÁS AÑOS QUE USTED, MÍSTER, Y LE DIGO:
CUÍDESE DE ESA CABRITA. ES LINDA, PERO LO VA HACER PURO SUFRIR NO MÁS. ACUÉRDESE DE MÍ.
ORVIDA MI CARIÑO QUE YO TE ORVIDÉ...
NO ES LO QUE PIENSAS, PERO GRACIAS POR EL CONSEJO. ESTARÉ LISTO EN UNA HORA.
DESPUÉS DE UNA PILSEN ESTARÉ AQUÍ, MÍSTER.
DURANTE 1971 EL PIB EN CHILE CRECIÓ UN 9%, EL COMERCIO Y LA INDUSTRIA UN 16% Y EL DINERO CIRCULANTE LLEGÓ A UN 113%. LA INFLACIÓN BAJÓ DE 35 A UN 22%.
TODO PARECÍA IR BIEN, PERO PRONTO COMENZARON LOS RACIONAMIENTOS,
HELADOS-SAVORY
EN TODAS PARTES SURGIERON LAS COLAS Y EN EL BARRIO ALTO DE LA CIUDAD, LOS CACEROLAZOS.

EL DESABASTECIMIENTO, MÁS ALLÁ DE SUS CAUSAS, SE FUE CONVIRTIENDO EN ALGO COTIDIANO PARA LOS CHILENOS.
TENGO CIEN ESCUDOS NO MÁS, PERO LOS VOY A HACER RENDIR MIJITA...
...LOS ACAPARADORES HAY QUE LLEVARLOS DERECHITO A LA CÁRCEL...
¡HAY MERCADERÍA, PERO ESTOS SINVERGUENZAS LA ESTÁN ESCONDIENDO TODA!
...TERMINAR DE UNA VEZ POR TODAS CON EL MERCADO NEGRO COMPADRE...
GRACIAS AL LLAMADO DE UN VECINO SE ENCONTRARON ACAPARADAS CAJAS DE AZÚCAR, DETERGENTE, CAFÉ, ARROZ, LECHE Y JABÓN.
COMO VE, TODO ESTO SE ESTÁ VENDIENDO AHORA A LOS VECINOS DEL SECTOR.
¿PASA ALGO, MÍSTER?
NADA. PENSABA EN LOS SUEÑOS DE TODA ESTA GENTE...
CHILE SE MUERE DE HAMBRE, MÍSTER.
ESO DE LOS SUEÑOS SON PURÁS TONTERAS NADA MÁS. PUROS SUEÑOS GÜEONES.

23 DE ENERO DE 1972.
LA REVOLUCIÓN SIN ARMAS DE ALLENDE PASABA POR UNA DIFÍCIL PRUEBA.
EL DC EDUARDO FREI CRITICÓ DURAMENTE LO QUE CALIFICÓ COMO ERRORES ECONÓMICOS DEL GOBIERNO.
ALLENDE NO TENÍA POSIBILIDADES EN EL PARLAMENTO, EN DONDE SE TOPABA CON UNA PODEROSA DEMOCRACIA CRISTIANA, CUYA RUPTURA CON LA UP SE AGUDIZABA DÍA A DÍA.
LA EXTREMA IZQUIERDA TAMPOCO ESTABA CONFORME. PARA LOS MAOÍSTAS DEL PARTIDO COMUNISTA REVOLUCIONARIO...
...EL GOBIERNO ERA REVISIONISTA Y SUS REFORMAS UN MAQUILLAJE AL SERVICIO DE LA BURGUESÍA.
PARA EL MIR ESTA REVOLUCIÓN PACÍFICA Y LEGALISTA ERA UNA FARSA.
SENADORES
EL 16 DE ENERO SE REALIZARON DOS ELECCIONES PARCIALES EN CHILE (DE DIPUTADO POR LINARES Y DE SENADOR POR O´HIGGINS).
EN AMBAS TRIUNFÓ LA OPOSICIÓN.
LA UP PASÓ POR SU MAYOR CRISIS HASTA ESE MOMENTO, MIENTRAS SUS OPOSITORES ERAN UNA FUERZA QUE SE REAGRUPABA.
EL 20 DE ENERO TODO EL GABINETE DE ALLENDE RENUNCIÓ.
EL 22, EL SENADO APROBÓ LA ACUSACIÓN CONSTITUCIONAL EN CONTRA DEL MINISTRO DEL INTERIOR JOSÉ TOHÁ, DESTITUYÉNDOLO DEL CARGO.
EN ESTE ESCENARIO LA DECISIÓN DE ALLENDE ERA COMPLEJA.
TAL VEZ FUESE CIERTA LA TESIS QUE SOSTENÍA QUE LA VÍA CHILENA AL SOCIALISMO...
...NO PODÍA MODIFICAR VERDADERAMENTE LAS ESTRUCTURAS SOCIALES...
...MIENTRAS SE EMPEÑARA EN SEGUIR RESPETANDO LAS REGLAS DEL JUEGO DEMOCRÁTICO.
QUE ERA JUSTAMENTE LA RAZÓN POR LA QUE SE HABÍA GRANJEADO LA ATENCIÓN, Y EN ALGUNOS CASOS...
...HASTA LA SIMPATÍA DE MUCHOS...

¿CÓMO?
LO SIENTO SEÑOR, YA NO QUEDAN CIGARROS.
¡MIERDA!
SIN CIGARRILLOS
¿PASA ALGO, MARCEL?
DIRINCO DIO UN PLAZO FATAL A LA COMPAÑÍA DE TABACOS PARA RESTABLECER EL SUMINISTRO.
ENTRE NOS, HE SABIDO QUE ESTOS TIPOS ESTÁN DISTRIBUYENDO SOLO A UNOS POCOS.
SIN CIGARRILLOS
GRACIAS.
ESPECULACIÓN Y ACAPARAMIENTO.
Y SOLO ESTÁ COMENZANDO. EL ATAQUE SERÁ INTERNO Y EXTERNO.
¿EMPEZAMOS A HACER LAS MALETAS?
¿Y PERDERSE LA HISTORIA DE PRIMERA MANO? NO. YO ME QUEDO.
¿EL CÍNICO TAMBIÉN TIENE IDEALES?
NO. EL PERIODISTA, JOHN, EL TESTIGO DE LOS HECHOS LO EXIGE.
"THEY SHALL NOT PASS!", GRITARON EN ESPAÑA. ¿RECUERDAS LO QUE PASÓ DESPUÉS?
VIEJO ZORRO. CUÁNTO SENTÍA NO PODER DECIRLE QUE ESTABA EQUIVOCADO.

EN FEBRERO DE 1972 ALLENDE REESTRUCTURÓ SU GABINETE.
HERNÁN DEL CANTO REEMPLAZÓ AL DESTITUIDO TOHÁ, QUE SE SUMÓ A DEFENSA.
LA NOVEDAD: EL PARTIDO DE IZQUIERDA RADICAL (PIR) SE SUMABA AL GOBIERNO.
Hernán del Canto
LA "AGRESIÓN EXTERNA" TENÍA UN BUEN EJEMPLO EN EL EMBARGO DE BIENES CHILENOS EN ESTADOS UNIDOS POR PARTE DE LA BRADEN COOPER Y LA ANACONDA COMPANY.
EL MOMENTO QUE LAS COMPAÑÍAS NORTEAMERICANAS HAN ESCOGIDO PARA HACER EFECTIVO EL EMBARGO COINCIDE CURIOSAMENTE CON LA RENEGOCIACIÓN DE LA DEUDA EXTERNA EN PARÍS.
EDUARDO NOVOA MONREAL. PRESIDENTE DE CONSEJO DE DEFENSA DEL ESTADO.
ALLENDE ENFRENTABA EL PROYECTO DE REFORMA CONSTITUCIONAL HAMILTON-FUENTEALBA DE LA DEMOCRACIA CRISTIANA,...
...QUE BUSCABA FRENAR LAS EXPROPIACIONES Y ESTATIZACIONES POR PARTE DEL EJECUTIVO.
EL 19 DE FEBRERO ESTAS MODIFICACIONES FUERON APROBADAS.
NOS PROPONEMOS RESTABLECER EL IMPERIO DE LA LEGALIDAD; REEMPLAZAR LA VOLUNTAD ARBITRARIA DE LA BUROCRACIA DE TURNO, POR LA NORMA LEGAL.
JUAN HAMILTON, SENADOR DC.
NO DEVOLVEREMOS LAS FÁBRICAS NACIONALIZADAS.
PEDRO VUSKOVIC, MINISTRO DE ECONOMÍA.
EL OBJETIVO FINAL ES DESPOJAR AL GOBIERNO DEL MEDIO LEGAL MÁS IMPORTANTE QUE HA USADO PARA CREAR EL ÁREA SOCIAL.
ORLANDO MILLAS, DIPUTADO COMUNISTA.
ANTES DE QUE EL GOBIERNO TERMINARA DE RECUPERARSE DE ESTE DURO GOLPE Y SE PREPARARA PARA EL CONTRAATAQUE, LLEGABA LA PRIMERA PRUEBA DE LA AMENAZA EXTERNA:
CENTRAL
LAS ESCANDALOSAS REVELACIONES DE LA CONSPIRACIÓN DE LA CIA Y LA ITT.

21 DE MARZO DE 1972.
EL PERIODISTA NORTEAMERICANO JACK ANDERSON REVELÓ MEMORANDOS SECRETOS DE LA INTERNATIONAL TELEPHONE AND TELEGRAPH CORPORATION (ITT)
...Y DESTAPÓ LA INTRIGA ORQUESTADA POR DICHA EMPRESA, LA CIA, LA CASA BLANCA Y OFICIALES DE LA EMBAJADA.
LOS DOCUMENTOS SECRETOS QUE SE SALVARON DE SER TRITURADOS DEMUESTRAN QUE LA ITT SE COMUNICABA DE FORMA REGULAR CON LA CIA...
...Y QUE EN ALGÚN MOMENTO CONSIDERÓ PROVOCAR UN GOLPE MILITAR PARA DETENER LA ELECCIÓN DE ALLENDE.
¡CIA CONFIESA
INTERVENCION EN CHILE
Sabotaje
Dolares
¡Publican documentos en EE.UU.!
VIAUX RECIBIA PLATA Y ORDENES DE LA CIA
INSOLENTE Y DESCARADA INTROMISION
YANQUIS INCITAN AL GOLPE EN CHILE
señalan los documentos:
Frei y El Mercurio "claves" para la acción de la ITT
EL COMPLOT NO ES MÁS QUE UNA CORTINA DE HUMO POR PARTE DEL GOBIERNO.
OSVALDO OLGUÍN, VICEPRESIDENTE DC.
75 BROAD STREET, MANHATTAN. CASA CENTRAL DE LA ITT.
LA INDIGNACIÓN DE LA IZQUIERDA CHILENA REAFIRMÓ SUS SOSPECHAS...
...DE OPERACIONES ENCUBIERTAS DEL GOBIERNO NORTEAMERICANO.
EL ESCÁNDALO ACABÓ CON LA SUPUESTA NEUTRALIDAD DE NIXON. ALLENDE ANUNCIÓ LA EXPROPIACIÓN DE LAS ACCIONES DE LA ITT EN EL PAÍS.
EL CONGRESO DE ESTADOS UNIDOS INICIÓ UNA SERIE DE INVESTIGACIONES SOBRE LAS OPERACIONES ENCUBIERTAS DE LA CIA EN CHILE Y LAS ACCIONES ANTI-ALLENDISTAS DE LA ITT.

27 DE MARZO DE 1972.
UNA NUEVA TORMENTA SE DESATÓ CUANDO EL MINISTRO DEL INTERIOR, HERNÁN DEL CANTO REVELÓ UN COMPLOT EN EL QUE ESTABAN INVOLUCRADOS, ENTRE OTROS...
PABLO RODRÍGUEZ DE PATRIA Y LIBERTAD, EL COMANDANTE ARTURO MARSHALL Y EL GENERAL ALBERTO GREEN.
SE HA DEMOSTRADO QUE LOS CONSPIRADORES PRETENDÍAN ASESINAR AL PRESIDENTE DE LA REPÚBLICA, RESCATAR A VIAUX DE LA PENITENCIARÍA Y ASALTAR LA MONEDA.
EDUARDO PAREDES, DIRECTOR GENERAL DE INVESTIGACIONES.
EL DÍA FIJADO ERA EL VIERNES PASADO DESPUÉS DE LA MARCHA, CUANDO, LUEGO DE ASESINAR AL PRESIDENTE ALLENDE...
...LOS CONJURADOS IMPLANTARÍAN UNA DICTADURA MILITAR CON LOS ELEMENTOS QUE SE REQUISARON EN LOS ALLANAMIENTOS A LAS SEDES DE PATRIA Y LIBERTAD.
LA DC SOLICITÓ UNA SESIÓN EXTRAORDINARIA DEL PARLAMENTO PARA QUE EL GOBIERNO EXPLICARA LA PROHIBICIÓN DE LAS DOS ÚLTIMAS MANIFESTACIONES DE LA OPOSICIÓN.
LAS NEGOCIACIONES SOBRE LA REFORMA CONSTITUCIONAL ESTABAN VARADAS. SI EL CONFLICTO ENTRE EL EJECUTIVO Y EL LEGISLATIVO NO SE ZANJABA, OBLIGARÍA A UN REFERÉNDUM O AL ARBITRAJE DEL TRIBUNAL CONSTITUCIONAL.
LA UP DEBIÓ ENFRENTAR UNA NUEVA CRISIS EN EL GABINETE POR LAS RENUNCIAS DE LOS MINISTROS DEL PARTIDO DE IZQUIERDA RADICAL (PIR)...
... FRACCIÓN MODERADA DEL RADICALISMO, QUE SE OPUSIERON AL VETO DEL EJECUTIVO SOBRE REFORMAS ECONÓMICAS QUE, SEGÚN ELLOS, LESIONABA A GRANDES SECTORES DEL PAÍS.
EN ABRIL DE 1972, SE PUBLICÓ UN LIBRO CON LOS DOCUMENTOS SECRETOS DE LA ITT EN UNA EDICIÓN BILINGUE...
DOCUMENTOS SECRETOS de la ITT
...A CARGO DE ESPECIALISTAS MIEMBROS DE LOS ESTADOS MAYORES DE LAS FUERZAS ARMADAS Y FUNCIONARIOS GUBERNAMENTALES.
EL LIBRO SE IMPRIMIÓ EN LA EDITORIAL QUIMANTÚ...
..."SOL DEL SABER" EN LENGUA MAPUDUNGÚN.

¿SEÑOR?
SOY PERIODISTA Y TENGO UNA REUNIÓN CON DON ALBERTO VIVANCO.
¿JOHN NITSCH?
ALBERTO VIVANCO ERA DIRECTOR DE UNA REVISTA SORPRENDENTE: LA FIRME.
GRACIAS DON DANIEL. YO ME HAGO CARGO DE ÉL.
UNA INÉDITA MEZCLA DE HUMOR Y MILITANCIA POLÍTICA.
JOHN REED
DIEZ DIAS QUE
EN EL 68, CON LOS DIBUJANTES HERVI, PALOMO, PEPE HUINCA, VARILLA, JORGE DE LA BARRA Y VARIOS AMIGOS MÁS...
...ARMAMOS LA REVISTA LA CHIVA Y NOS SUMAMOS ACTIVAMENTE A LA CAMPAÑA DE ALLENDE.
EL PROPIO PRESIDENTE LO RECONOCIÓ Y NOS MANDÓ UNA CARTA AGRADECIÉNDONOS.
APENAS SUPE QUE EL GOBIERNO HABÍA COMPRADO LA EDITORIAL ZIG-ZAG PARA INICIAR UN NUEVO PROYECTO ME VINE ¡ERA UN SUEÑO! CUANDO LLEGUÉ, ESTABA VACÍO.
EN UNA OFICINA VI A UN MUCHACHO. "ESTOY HACIENDO EL INVENTARIO", ME DIJO.
"QUIERO TRABAJAR AQUÍ. YO HACÍA LA CHIVA", LE DIJE.
la FIRME
Y ME RESPONDIÓ: "NECESITAMOS GENTE QUE TENGA IDEAS Y QUE TRABAJE. BÚSCATE UNA OFICINA E INSTÁLATE".
ERA JORGE ARRATE. EL PRESIDENTE LE HABIA ENCARGADO LA DIRECCIÓN PROVISORIA DE QUIMANTÚ.
ME INSTALÉ INMEDIATAMENTE Y LLAMÉ A HERVI: "¡HERNÁN, TE TENÍS QUE VENIR AHORA MISMO. ¡VAMOS A HACER LA FIRME!".
Y COMO YO SOY OBEDIENTE, ¡ME VINE ALTIRO!

ORGULLOSOS ME CONTARON QUE EL NOMBRE QUIMANTÚ FUE APROBADO EN ASAMBLEA,...
...QUE LOS EJECUTIVOS ERAN ELEGIDOS POR LOS TRABAJADORES Y QUE LA OPINIÓN DEL OBRERO ERA ESCUCHADA.
LOS POPULARES MINILIBROS, LA SERIE NOSOTROS LOS CHILENOS, HECHOS MUNDIALES, HISTORIETAS Q...
...CABRO CHICO, ERAN ALGUNAS DE LAS PUBLICACIONES, TODAS CON TIRAJES DESDE LOS 50 000 EJEMPLARES.
INSÓLITO PARA UN PAÍS DE MENOS DE 10 MILLONES DE HABITANTES.
HACEMOS TEXTOS ESCOLARES, PUBLICACIONES PARA DEPARTAMENTOS ESTATALES. INCLUSO VARIAS REVISTAS DE OPOSICIÓN SE IMPRIMEN ACÁ.
Y DESPUÉS DICEN QUE LA UP NO GARANTIZA EL DERECHO DE EXPRESIÓN.
SOLO LA NOVELA HIJO DE LADRÓN, DE MANUEL ROJAS, HABÍA VENDIDO MÁS DE 100 000 EJEMPLARES.
LES PREGUNTÉ POR LA FIRME, LA REVISTA DE EDUCACIÓN POPULAR QUE HACÍAN.
LA CULTURA NO ES UNA MERCANCÍA, ES UN DERECHO. LA ENTENDEMOS COMO UNA EXPRESIÓN POPULAR, REVOLUCIONARIA.
SUPERCAURO
EL MISTERIO DE LAS "JAP"
LA FIRME
POR ESO CREAMOS "EL SUPERCAURO" QUE LUCHA CONTRA EL DESABASTECIMIENTO, LA CORRUPCIÓN...
LO APROVECHAMOS PARA ABORDAR TEMAS COMO LA DESNUTRICIÓN Y LA POBREZA, QUE SIGUEN SIENDO PROBLEMAS GRAVES.

¿A QUÉ ATRIBUYEN EL ÉXITO DE QUIMANTÚ?
HUMM... A LA MÍSTICA, AL COMPROMISO, A LA DEMOCRACIA INTERNA.
A LA VISIÓN CULTURAL DE LA UNIDAD POPULAR. NO HAY OTRA EXPLICACIÓN.
DEJÉ A LOS ENTUSIASTAS DIBUJANTES.
ANTES DE IRME, ME REGALARON UN NÚMERO ESPECIAL DE LA FIRME.
la FIRME
ERA UNA HISTORIETA REALIZADA POR OTRO EQUIPO DE DIBUJANTES DE QUIMANTÚ SOBRE EL ESCÁNDALO DE LA ITT Y LOS AVATARES DE UN PERIODISTA EXTRANJERO EN CHILE.
ME PARECIÓ UNA IRÓNICA Y DIVERTIDA COINCIDENCIA.
¡CLIK!
¡CLIK!

MILES DE OBREROS Y VOLUNTARIOS CONSTRUYERON, EN TURNOS AGOTADORES, EL EDIFICIO DE LA TERCERA CONFERENCIA MUNDIAL DE COMERCIO Y DESARROLLO DE LAS NACIONES UNIDAS (UNCTAD).
EL LLAMADO "SINDICATO DE LOS PAÍSES POBRES".
BAUTIZADO COMO CENTRO CULTURAL METROPOLITANO GABRIELA MISTRAL, DURANTE EL GOBIERNO DE ALLENDE...
...EL EDIFICIO FUE USADO INCLUSO COMO COMEDOR POPULAR.
EN PARALELO, EL CONFLICTO POR LOS VETOS DEL PRESIDENTE SOBRE LA NACIONALIZACIÓN DE LOS MONOPOLIOS ECONÓMICOS SE HABÍA ACENTUADO.
EL VETO, QUE SERÍA LUEGO RECHAZADO POR EL PARLAMENTO, BUSCABA DESPOJAR A ALLENDE DE SUS ATRIBUCIONES PRESIDENCIALES.
SI ALLENDE REHUSABA HACER UN PLEBISCITO PARA SUPERAR EL CONFLICTO...
...LA DERECHA PRESENTARÍA UNA ACUSACIÓN CONSTITUCIONAL QUE PODÍA DESTITUIRLO.
EL GOLPE DE ESTADO LEGAL.
5 DE AGOSTO DE 1972.
RENÉ FERNANDO SARAVIA, OBRERO DE 22 AÑOS DE LO HERMIDA, MURIÓ A MANOS DE LA POLICÍA...
CASA O MUERTE MIR...
MIR
REVOLUCIÓN
...QUE BUSCABA A UN MIEMBRO DEL GRUPO DE ULTRAIZQUIERDA, EJÉRCITO DE LIBERACIÓN NACIONAL.
POBLADORES MARGINADOS, PROCLIVES A LA ULTRAIZQUIERDA Y CANSADOS DE LAS PROMESAS REFORMISTAS...
... VEÍAN EN LA ACCIÓN DIRECTA LA ÚNICA VÍA POSIBLE.
7 DE AGOSTO DE 1972.
QUÉ MÁS QUISIERA YO, CAMARADAS, QUE DEVOLVERLE LA VIDA AL COMPAÑERO CAÍDO.
ME PREGUNTAN, ¿QUÉ QUISIERA YO? QUE NO HUBIERA OCURRIDO LO QUE OCURRIÓ.
EN UNA DE SUS SALIDAS A TERRENO VISITÓ A LOS POBLADORES DE LO HERMIDA, ENCABEZADOS POR EL DIRIGENTE VECINAL OSVALDO ROMO...
...MILITANTE DE LA UNIÓN SOCIALISTA POPULAR (USOPO).

LO HERMIDA.
FUI PORQUE CLAUDIA INSISTIÓ EN QUE TENÍA QUE CONOCER UNA "POBLACIÓN CALLAMPA".
"MIRA DE FRENTE LA REALIDAD. ES UNA BOFETADA", ME DIJO.
Y TENÍA RAZÓN. ERA UNA BOFETADA MUY DURA.
DOLOROSA.
INAPELABLE.
LOS POBLADORES...
¡CLIK!
...BAUTIZABAN SUS CAMPAMENTOS CON NOMBRES ELOCUENTES.
VIETNAM HEROICO, CHÉ GUEVARA, NUEVA LA HABANA, CARLOS MARX, BATALLA DE LA PRODUCCIÓN.
AQUÍ, EN COMBATE DIARIO CONTRA LA POBREZA...
...SURGIERON LÍDERES COMO OSVALDO ROMO, EL COMANDANTE RAÚL.
SIN LA LUCHA DE HOMBRES GENEROSOS COMO ÉL...
¡CLIK!
...YA NO HABÍA ESPERANZA.
¡CLIK!
18 DE AGOSTO DE 1972.
"HA QUEDADO DESCUBIERTA LA ESCAREADA POLÍTICA ECONÓMICA MARXISTA...
La Segunda
ULTIMA HORA
JUNTEN RABIA CHILENOS
¡EL ACABOSE
El Paraíso marxista nos regala nueva salz
Harina E° 3.90 kilo (tarro grande) 104.7
Pan 6.40 Leche Condens. 8.50
Harinilla 1.10
...QUE ESTÁ DESMANTELANDO AL PAÍS Y CONDUCIÉNDOLO ACELERADAMENTE A UNA RUINA...
...QUE NI LOS MÁS ENCONADOS ENEMIGOS DEL SOCIALISMO PUDIERON HABER IMAGINADO", DIARIO LA SEGUNDA.
LA DC EMPLAZÓ A ALLENDE: "USTED ES EL PRINCIPAL RESPONSABLE DE LO QUE ESTÁ SUCEDIENDO EN ESTE MOMENTO".

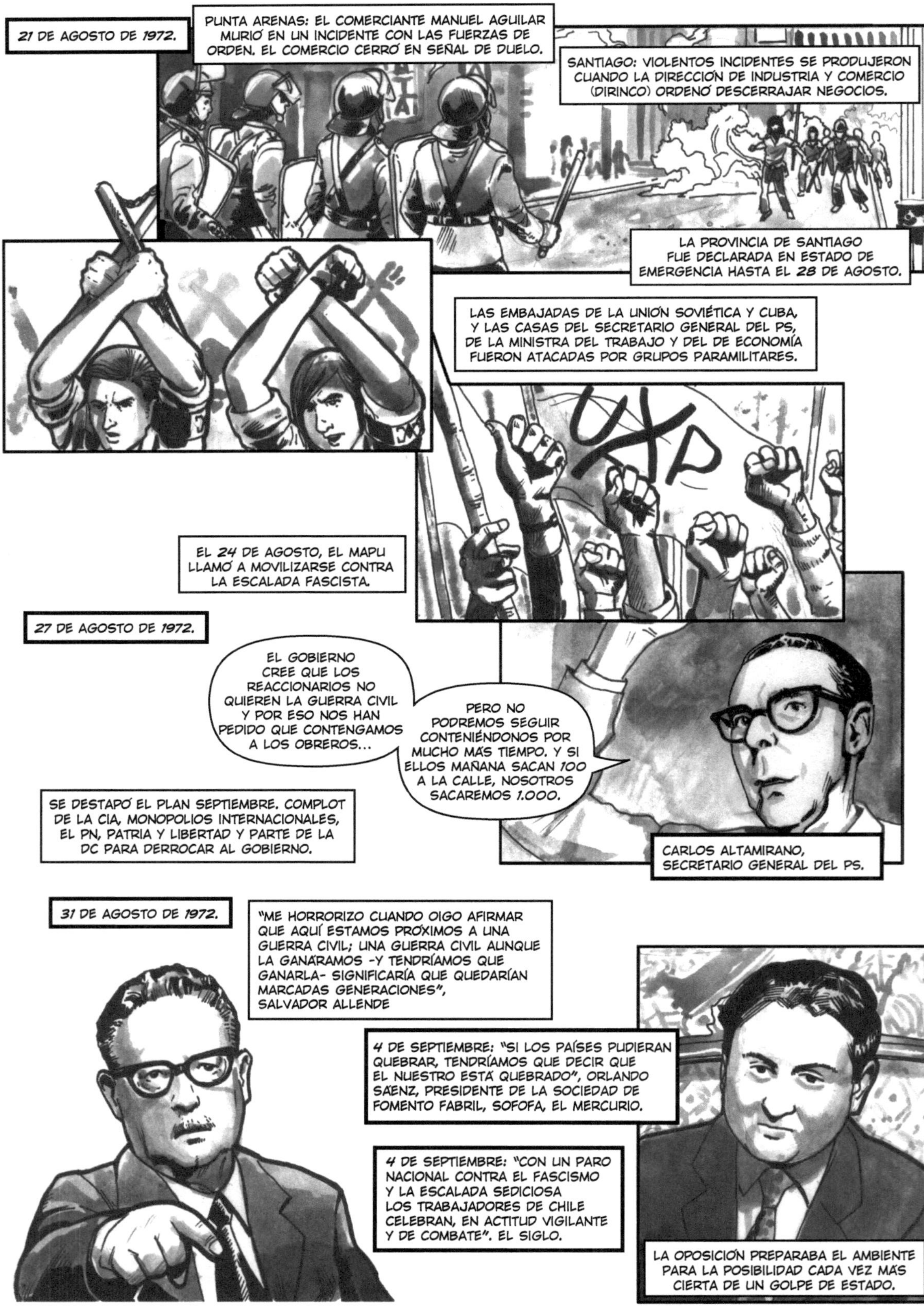

21 DE AGOSTO DE 1972.
PUNTA ARENAS: EL COMERCIANTE MANUEL AGUILAR MURIÓ EN UN INCIDENTE CON LAS FUERZAS DE ORDEN. EL COMERCIO CERRÓ EN SEÑAL DE DUELO.
SANTIAGO: VIOLENTOS INCIDENTES SE PRODUJERON CUANDO LA DIRECCIÓN DE INDUSTRIA Y COMERCIO (DIRINCO) ORDENÓ DESCERRAJAR NEGOCIOS.
LA PROVINCIA DE SANTIAGO FUE DECLARADA EN ESTADO DE EMERGENCIA HASTA EL 28 DE AGOSTO.
LAS EMBAJADAS DE LA UNIÓN SOVIÉTICA Y CUBA, Y LAS CASAS DEL SECRETARIO GENERAL DEL PS, DE LA MINISTRA DEL TRABAJO Y DEL DE ECONOMÍA FUERON ATACADAS POR GRUPOS PARAMILITARES.
UP
EL 24 DE AGOSTO, EL MAPU LLAMÓ A MOVILIZARSE CONTRA LA ESCALADA FASCISTA.
27 DE AGOSTO DE 1972.
EL GOBIERNO CREE QUE LOS REACCIONARIOS NO QUIEREN LA GUERRA CIVIL Y POR ESO NOS HAN PEDIDO QUE CONTENGAMOS A LOS OBREROS...
PERO NO PODREMOS SEGUIR CONTENIÉNDONOS POR MUCHO MÁS TIEMPO. Y SI ELLOS MAÑANA SACAN 100 A LA CALLE, NOSOTROS SACAREMOS 1.000.
SE DESTAPÓ EL PLAN SEPTIEMBRE. COMPLOT DE LA CIA, MONOPOLIOS INTERNACIONALES, EL PN, PATRIA Y LIBERTAD Y PARTE DE LA DC PARA DERROCAR AL GOBIERNO.
CARLOS ALTAMIRANO, SECRETARIO GENERAL DEL PS.
31 DE AGOSTO DE 1972.
"ME HORRORIZO CUANDO OIGO AFIRMAR QUE AQUÍ ESTAMOS PRÓXIMOS A UNA GUERRA CIVIL; UNA GUERRA CIVIL AUNQUE LA GANÁRAMOS -Y TENDRÍAMOS QUE GANARLA- SIGNIFICARÍA QUE QUEDARÍAN MARCADAS GENERACIONES", SALVADOR ALLENDE
4 DE SEPTIEMBRE: "SI LOS PAÍSES PUDIERAN QUEBRAR, TENDRÍAMOS QUE DECIR QUE EL NUESTRO ESTÁ QUEBRADO", ORLANDO SÁENZ, PRESIDENTE DE LA SOCIEDAD DE FOMENTO FABRIL, SOFOFA, EL MERCURIO.
4 DE SEPTIEMBRE: "CON UN PARO NACIONAL CONTRA EL FASCISMO Y LA ESCALADA SEDICIOSA LOS TRABAJADORES DE CHILE CELEBRAN, EN ACTITUD VIGILANTE Y DE COMBATE". EL SIGLO.
LA OPOSICIÓN PREPARABA EL AMBIENTE PARA LA POSIBILIDAD CADA VEZ MÁS CIERTA DE UN GOLPE DE ESTADO.

NO ME MIRE. SIGA CAMINANDO Y PÉGUESE A LA PARED. ¡RÁPIDO!
TENGO POCO DINERO, PUEDE TOMAR LO QUE...
NO LE HARÉ DAÑO SI SE PORTA BIEN, SR. NITSCH. SE PERFECTAMENTE QUIÉN ES.
NO SOY EL ÚNICO INTERESADO EN USTED...
¿QUÉ... QUÉ QUIERE DECIR?
HOY ELLOS NO LO VIGILAN, SOLO YO. CÁLLESE Y ESCUCHE. SOY SU ÚNICO AMIGO EN ESTE JUEGO. TOME. UN REGALO.
ES PARTE DE UNA OPERACIÓN SECRETA MAYOR: EL PROYECTO FUBELT QUE ESTÁ EN MARCHA DESDE SEPTIEMBRE DEL 70.
¿DE QUÉ ESTÁ HABLANDO?
NO SEA INGENUO. LE HABLO DE LA AGENCIA.
¿POR QUÉ ME DICE ESTO?
PERIODISTA DE CONFIANZA. IDEALISTA NEUTRAL, AUNQUE A RATOS CLAUDIA Y JOSÉ LO TIENTEN A INCLINAR LA BALANZA.
¿QUIÉN ES? ¿QUÉ QUIERE DE MÍ?
NADIE. NO EXISTO.
SI QUIERE VERME, DEJE UNA NOCHE LAS CORTINAS ABIERTAS DE SU DEPARTAMENTO. VIGILE SUS PASOS.
CUIDE LO QUE DICE POR TELÉFONO. MI REGALO ES UN ADELANTO PARA QUE CONFÍE EN MÍ.
ERA UN CABLE SECRETO DE LA OFICINA DE LA CIA EN CHILE, FECHADO EL 19 DE OCTUBRE DE 1970.
UNA BOMBA DE TIEMPO EN MIS MANOS.
INVOLUCRABA A LA AGENCIA EN EL ASESINATO DEL GENERAL SCHNEIDER.
SI ERA CIERTO...
¿QUÉ MIERDA HACÍA YO CON ESO?

LOS CORDONES INDUSTRIALES ERAN UN FENÓMENO INÉDITO DEL NIVEL DE ORGANIZACIÓN DE LOS TRABAJADORES CHILENOS.
ERAN GRUPOS DE TRABAJADORES DE FÁBRICAS Y EMPRESAS QUE COORDINABAN ACCIONES CONJUNTAS: OCUPABAN CALLES, CONTROLABAN LA PRODUCCIÓN Y ORGANIZABAN ASAMBLEAS.
NO LAS CREÓ EL GOBIERNO, PERO TENÍAN SU RESPALDO.
DE ALGÚN MODO ERAN LA ENCARNACIÓN VIVA DEL LLAMADO PODER POPULAR, LA VERDADERA REVOLUCIÓN DESDE ABAJO.
¿ERA POSIBLE QUE HUBIERA INFILTRADOS ENTRE ESTOS HOMBRES?
CORDON-CERRILLOS
8 DE OCTUBRE DE 1972.
12 MIL CAMIONEROS INICIABAN EL PRIMER GRAN GOLPE DE LA OPOSICIÓN: EL PARO DE OCTUBRE.
LA HUELGA, MÁS POLÍTICA QUE SINDICAL, FUE LIDERADA POR RAFAEL CUMSILLE (REPRESENTANTE DE LOS COMERCIANTES) Y LÉON VILARÍN (REPRESENTANTE DE LOS CAMIONEROS)
CUATRO DÍAS MÁS TARDE, EL GOBIERNO DECRETABA ESTADO DE EXCEPCIÓN EN 13 PROVINCIAS DEL PAÍS.
LA EXTREMA DERECHA SABOTEÓ LA VÍA FÉRREA ENTRE SANTIAGO Y VALPARAÍSO, BUSCANDO PARALIZAR AL PAÍS.
EL MIR LLAMÓ A HACER DE CADA FÁBRICA Y BARRIO "UN BASTIÓN CONTRA EL FASCISMO".
LA KENNECOTT EMBARGÓ EXPORTACIONES DE COBRE CHILENO EN EL EXTERIOR.
LOS GRUPOS DERECHISTAS Y LAS ORGANIZACIONES DE BASE Y CORDONES INDUSTRIALES DE LA IZQUIERDA ESCAPARON AL CONTROL DE SUS CÚPULAS POLÍTICAS.
LAS PÉRDIDAS FUERON MILLONARIAS, PERO EL GOBIERNO SE MANTUVO FIRME ANTE LAS AMENAZAS LOCALES Y LA AGRESIÓN EXTERNA.
¿HASTA DÓNDE IBA A SER CAPAZ DE LLEGAR LA OPOSICIÓN?
CON UN PAÍS FRACTURADO, ALLENDE SORPRENDIÓ A TODOS CUANDO EN NOVIEMBRE, SUMÓ A LOS MILITARES A SU GOBIERNO.

Cine Gran Pal
HOY
QUILAPAYUN
CANTATA SANTA MARIA DE IQUIQUE
OCTUBRE. JUEVES EN LA NOCHE.
VAMOS, MUJER, PARTAMOS A LA CIUDAD. TODO SERÁ DISTINTO, NO HAY QUE DUDAR...
LLEVAS DOS AÑOS EN CHILE, JOHN ¿QUÉ CREES QUE VA A OCURRIR CON NOSOTROS?
ES DIFÍCIL HACER POLÍTICA FICCIÓN. SI LA UP...
NO. HABLO DE NOSOTROS.
TARDE O TEMPRANO VA A OCURRIR ¿NO?
YO ME IRÉ Y TÚ NO QUERRÁS MARCHARTE.
NO TENEMOS FUTURO.
CIERTO, PERO HOY EL FUTURO NO ME IMPORTA PARA NADA.

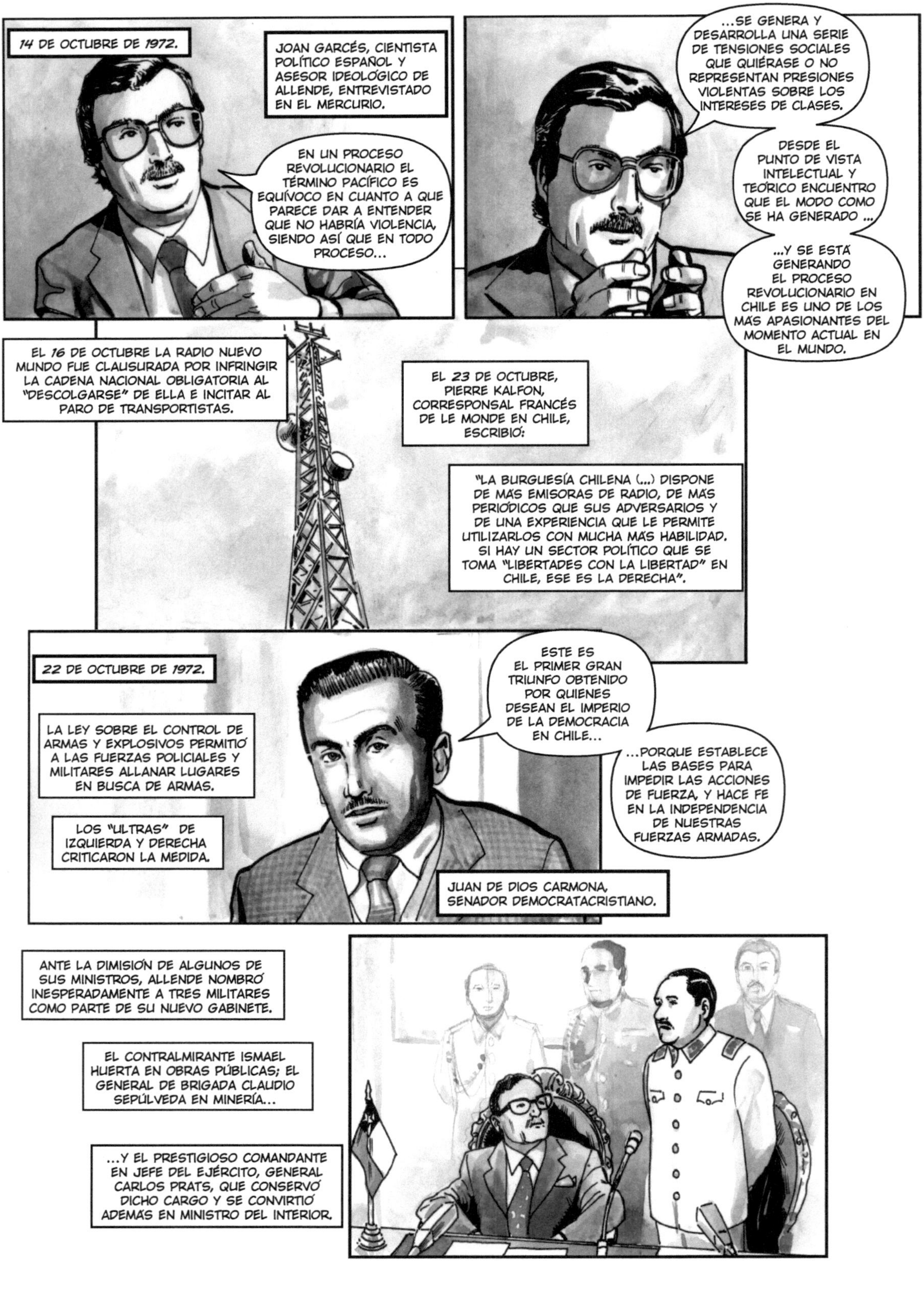
14 DE OCTUBRE DE 1972.
JOAN GARCÉS, CIENTISTA POLÍTICO ESPAÑOL Y ASESOR IDEOLÓGICO DE ALLENDE, ENTREVISTADO EN EL MERCURIO.
EN UN PROCESO REVOLUCIONARIO EL TÉRMINO PACÍFICO ES EQUÍVOCO EN CUANTO A QUE PARECE DAR A ENTENDER QUE NO HABRÍA VIOLENCIA, SIENDO ASÍ QUE EN TODO PROCESO...
...SE GENERA Y DESARROLLA UNA SERIE DE TENSIONES SOCIALES QUE QUIÉRASE O NO REPRESENTAN PRESIONES VIOLENTAS SOBRE LOS INTERESES DE CLASES.
DESDE EL PUNTO DE VISTA INTELECTUAL Y TEÓRICO ENCUENTRO QUE EL MODO COMO SE HA GENERADO ...
...Y SE ESTÁ GENERANDO EL PROCESO REVOLUCIONARIO EN CHILE ES UNO DE LOS MÁS APASIONANTES DEL MOMENTO ACTUAL EN EL MUNDO.
EL 16 DE OCTUBRE LA RADIO NUEVO MUNDO FUE CLAUSURADA POR INFRINGIR LA CADENA NACIONAL OBLIGATORIA AL "DESCOLGARSE" DE ELLA E INCITAR AL PARO DE TRANSPORTISTAS.
EL 23 DE OCTUBRE, PIERRE KALFON, CORRESPONSAL FRANCÉS DE LE MONDE EN CHILE, ESCRIBIÓ:
"LA BURGUESÍA CHILENA (...) DISPONE DE MÁS EMISORAS DE RADIO, DE MÁS PERIÓDICOS QUE SUS ADVERSARIOS Y DE UNA EXPERIENCIA QUE LE PERMITE UTILIZARLOS CON MUCHA MÁS HABILIDAD. SI HAY UN SECTOR POLÍTICO QUE SE TOMA "LIBERTADES CON LA LIBERTAD" EN CHILE, ESE ES LA DERECHA".
22 DE OCTUBRE DE 1972.
LA LEY SOBRE EL CONTROL DE ARMAS Y EXPLOSIVOS PERMITIÓ A LAS FUERZAS POLICIALES Y MILITARES ALLANAR LUGARES EN BUSCA DE ARMAS.
LOS "ULTRAS" DE IZQUIERDA Y DERECHA CRITICARON LA MEDIDA.
ESTE ES EL PRIMER GRAN TRIUNFO OBTENIDO POR QUIENES DESEAN EL IMPERIO DE LA DEMOCRACIA EN CHILE...
...PORQUE ESTABLECE LAS BASES PARA IMPEDIR LAS ACCIONES DE FUERZA, Y HACE FE EN LA INDEPENDENCIA DE NUESTRAS FUERZAS ARMADAS.
JUAN DE DIOS CARMONA, SENADOR DEMOCRATACRISTIANO.
ANTE LA DIMISIÓN DE ALGUNOS DE SUS MINISTROS, ALLENDE NOMBRÓ INESPERADAMENTE A TRES MILITARES COMO PARTE DE SU NUEVO GABINETE.
EL CONTRALMIRANTE ISMAEL HUERTA EN OBRAS PÚBLICAS; EL GENERAL DE BRIGADA CLAUDIO SEPÚLVEDA EN MINERÍA...
...Y EL PRESTIGIOSO COMANDANTE EN JEFE DEL EJÉRCITO, GENERAL CARLOS PRATS, QUE CONSERVÓ DICHO CARGO Y SE CONVIRTIÓ ADEMÁS EN MINISTRO DEL INTERIOR.

3 DE NOVIEMBRE DE 1972.
PARA LA ULTRA IZQUIERDA, LA PRESENCIA DE MILITARES EN EL GABINETE SIGNIFICA QUE "EL GOBIERNO REFORMISTA SE VOLVIÓ CONTRARREVOLUCIONARIO.
TRANSÓ CON LA BURGUESÍA, REPRESENTADA POR LOS ALTOS MANDOS".
PARA LA ULTRA DERECHA, CON LA ENTRADA CASTRENSE SE LE ESCAPÓ EL GOLPE DE ESTADO QUE CREÍA POSIBLE.
LUIS HERNÁNDEZ PARKER, "HACHEPÉ", PRESTIGIOSO COMENTARISTA DEL PROGRAMA RADIAL TRIBUNA POLÍTICA.
ESTOS SON LOS EXTREMOS. RETIRADOS ÉSTOS, LA INMENSA MAYORÍA HA RECIBIDO CON ALIVIO AL NUEVO GABINETE...
...CUYA IMAGEN ESTÁ REPRESENTADA POR TRES ALTOS OFICIALES DEL MÁS ELEVADO RANGO...
...ENCABEZADOS POR EL GENERAL CARLOS PRATS QUIEN, EN EL COMANDO EN JEFE DEL EJÉRCITO...
...FUE REEMPLAZADO POR EL GENERAL PINOCHET, PERO EN CARÁCTER DE SUBROGANTE.
VUELTO EL PAÍS A LA NORMALIDAD, EL GENERAL PRATS Y SUS CAMARADAS DE ARMAS VOLVERÁN A SUS PUESTOS CLAVES EN LAS FUERZAS ARMADAS.
EL 5 DE NOVIEMBRE, PRATS LOGRÓ FRENAR LA HUELGA INICIADA EL 9 DE OCTUBRE.
SOY Y SERÉ LEAL AL GOBIERNO ACTUAL COMO LO FUI CON EL GOBIERNO ANTERIOR.
EL MIR LLAMÓ A RECHAZAR EL GABINETE: "EL VACÍO DE PODER QUE LLENARON LOS MILITARES LO DEBIERAN HABER LLENADO LAS FUERZAS DE LA CLASE OBRERA Y DEL PUEBLO".
MIR
PARA EL MIR LA VÍA CHILENA AL SOCIALISMO DE ALLENDE, HABIA DEGENERADO EN VÍA CASTRENSE.
GUERRA DEL PACIFICO 1879 CAMPAÑA DE TARAPACÁ
LOS MILITARES HABÍAN ACEPTADO ENTRAR EN EL JUEGO Y NO ERAN POCOS LOS QUE SE PREGUNTABAN...
¿A CAMBIO DE QUÉ?

30 DE NOVIEMBRE DE 1972, MÉXICO.
APROVECHANDO ESTE MOMENTO DE ESTABILIDAD PROPICIADO POR LA PRESENCIA MILITAR EN EL GABINETE, ALLENDE INICIÓ UNA GIRA AL EXTRANJERO.
DIFUNDIÓ SU PROGRAMA Y BUSCÓ AYUDA CREDITICIA.
EL PRESIDENTE LUIS ECHEVERRÍA RECIBIÓ A ALLENDE, QUE FUE VITOREADO POR UNA CADENA HUMANA DE 16 KILÓMETROS DE LARGO.
2 DE DICIEMBRE DE 1972. UNIVERSIDAD DE GUADALAJARA, MÉXICO.
SER JOVEN Y NO SER REVOLUCIONARIO ES UNA CONTRADICCIÓN HASTA BIOLÓGICA...
...PERO IR AVANZANDO EN LOS CAMINOS DE LA VIDA Y MANTENERSE COMO REVOLUCIONARIO, EN UNA SOCIEDAD BURGUESA, ES DIFÍCIL.
4 DE DICIEMBRE DE 1972. ALLENDE HABLA ANTE LA ASAMBLEA GENERAL DE LAS NACIONES UNIDAS, NUEVA YORK.
"VENGO DE CHILE, UN PAÍS PEQUEÑO PERO DONDE HOY CUALQUIER CIUDADANO ES LIBRE DE EXPRESARSE COMO MEJOR PREFIERA...
...DE IRRESTRICTA TOLERANCIA CULTURAL, RELIGIOSA E IDEOLÓGICA, DONDE LA DISCRIMINACIÓN RACIAL NO TIENE CABIDA.
NO SOLO SUFRIMOS EL BLOQUEO FINANCIERO, TAMBIÉN SOMOS VÍCTIMAS DE UNA CLARA AGRESIÓN.
EL MUNDO SE ENTERÓ CON ESTUPOR DE DISTINTOS ASPECTOS DE UN NUEVO PLAN DE ACCIÓN QUE LA MISMA ITT PRESENTARA AL GOBIERNO NORTEAMERICANO, CON EL PROPÓSITO DE DERROCAR A MI GOBIERNO."
PROPONÍA EL ESTRANGULAMIENTO ECONÓMICO, EL SABOTAJE DIPLOMÁTICO, CREAR EL PÁNICO EN LA POBLACIÓN, EL DESORDEN SOCIAL...
...PARA QUE AL SER SOBREPASADO EL GOBIERNO, LAS FUERZAS ARMADAS FUERAN IMPULSADAS A QUEBRAR EL RÉGIMEN DEMOCRÁTICO E IMPONER UNA DICTADURA.
ESTAMOS ANTE UN VERDADERO CONFLICTO FRONTAL ENTRE LAS GRANDES CORPORACIONES Y LOS ESTADOS.
ÉSTOS APARECEN INTERFERIDOS EN SUS DECISIONES FUNDAMENTALES POR ORGANIZACIONES GLOBALES QUE NO DEPENDEN DE NINGÚN ESTADO Y QUE NO RESPONDEN NI ESTÁN FISCALIZADAS POR NINGUNA INSTITUCIÓN REPRESENTATIVA DEL INTERÉS COLECTIVO.
SON LOS PUEBLOS, TODOS LOS PUEBLOS AL SUR DEL RÍO BRAVO, QUE SE YERGUEN PARA DECIR:
¡BASTA! ¡BASTA A LA DEPENDENCIA! ¡BASTA A LAS PRESIONES! ¡BASTA A LA INTERVENCIÓN!

YA ERA TIEMPO DE VER LO QUE HABÍA DETRÁS DE LA CORTINA.
ERA HORA DE HABLAR CON MI MISTERIOSO AMIGO.
UNO DE LOS TANTOS AGENTES ENCUBIERTOS, CONOCIDOS TAMBIÉN COMO FALSE FLAG, QUE DE SEGURO VIVÍAN EN CHILE POR ESOS DÍAS.
MERCURIO
HOY 21:30 HRS. CINE KING. YO LO BUSCARÉ.
CERCIÓRESE DE QUE NO LO SIGAN.
LO STRANO VIZIO DELLA SIGNORA WARDH
ME ENCANTA EDWIGE FENECH,
¿FALSE FLAG?

VEO QUE NO HA PERDIDO EL SENTIDO DEL HUMOR.
¿POR QUÉ HACE ESTO?
DIGAMOS QUE ME CANSÉ DE QUE LOS GOBIERNOS SUBESTIMEN EL PAPEL DE LOS SERVICIOS DE INTELIGENCIA,
SOBRE TODO CUANDO LA INFORMACIÓN QUE LES DAS NO SE CORRESPONDE CON SUS CREENCIAS.
¿QUÉ HARÁ CON MI REGALO?
NECESITO MÁS. ¿VIENE UN GOLPE? ¿QUIÉNES ESTÁN IMPLICADOS?
SE HAN FRAGUADO MIL GOLPES. TARDE O TEMPRANO UNO FUNCIONARÁ. EL BLOQUEO Y LAS SUBVENCIONES SECRETAS PARA LOS CAMIONEROS...
...PATRIA Y LIBERTAD Y EL MERCURIO PREPARAN EL CLIMA, PERO LA AYUDA NO SOLO VIENE DEL TÍO SAM, BRASIL TAMBIÉN HACE LO SUYO.
¿IMPLICADOS? LOS CONJURADOS SON LEGIÓN.
EMPRESARIOS DE LA SOFOFA QUE SE REÚNEN EN YATES, CONSPIRADORES CON NOMBRES DE FANTASÍA COMO LA COFRADÍA NÁUTICA DEL PACÍFICO AUSTRAL, POLÍTICOS, MILITARES...
¿TIENE ALLENDE UNA SALIDA?
LOS CUBANOS NO LO CONSIDERAN SUFICIENTEMENTE REVOLUCIONARIO Y PREVÉN SU FRACASO.
LOS RUSOS HACEN LO QUE PUEDEN, PERO SABEN QUE CUALQUIER AYUDA ES UN PARCHE.
LA UP ESTÁ REVENTADA, LA CORRELACIÓN DE FUERZAS ESTÁ EN SU CONTRA. EL JUEGO PARLAMENTARIO DE LA CIA, BAUTIZADO COMO TRACK I, NO RESULTÓ. LA SOLUCIÓN MILITAR DE TRACK II YA ESTÁ EN MARCHA.
¿PRUEBAS DE LOS PAGOS SECRETOS?
PRONTO. MI TRABAJO ES PELIGROSO. NO CONFÍE EN NADIE.
¿CÓMO SÉ QUE NO ES UNA TRAMPA?
INTUICIÓN, SUPONGO. DISFRUTE LA PELÍCULA.
NO ES COSTA GAVRAS, PERO LA FENECH TIENE LO SUYO.

30 DE DICIEMBRE DE 1972.
LOS MILITARES EN EL GOBIERNO HABÍAN LOGRADO BAJAR TEMPORALMENTE LA TENSIÓN. UNA TREGUA TÁCITA SE INSTALÓ EN EL PAÍS.
LA DC, QUE HABÍA PEDIDO UN GABINETE MILITAR, AHORA HACÍA LA GUERRA AL GENERAL PRATS.
LEÓN VILARÍN, LÍDER TRANSPORTISTA, AMENAZABA CON NUEVAS MOVILIZACIONES.
7 DE DICIEMBRE DE 1972.
EL ABOGADO PABLO RODRÍGUEZ DE PATRIA Y LIBERTAD LOGRÓ QUE EL TRIBUNAL MILITAR REBAJARA EN DOS...
...LA PENA DE VEINTE AÑOS DEL GENERAL GOLPISTA ROBERTO VIAUX, LÍDER DEL TACNAZO DE 1969.
EL HECHO PROVOCÓ UN ESCÁNDALO.
EN LAS ELECCIONES PARLAMENTARÍAS DEL 4 DE MARZO SE RENOVARÍAN 500 DIPUTADOS DE LA CÁMARA BAJA Y LA MITAD DE LOS SENADORES.
LA UP APOSTABA A SUMAR PODER EN EL PARLAMENTO...
...Y LA OPOSICIÓN BUSCABA LOS DOS TERCIOS DEL SENADO PARA EL GOLPE DE ESTADO LEGAL: EL VETO DE CENSURA CONSTITUCIONAL CONTRA ALLENDE.
29 DE DICIEMBRE DE 1972.
LA CÁMARA DE DIPUTADOS APROBÓ LA ACUSACIÓN CONSTITUCIONAL CONTRA ORLANDO MILLAS, MINISTRO DE HACIENDA.
ALLENDE INMEDIATAMENTE LO NOMBRÓ INTERINO EN ECONOMÍA.
ES ESTA LA SÉPTIMA ACUSACIÓN QUE SE FORMULA CONTRA UN MINISTRO DEL GOBIERNO POPULAR, LO QUE REVELA LA MEDIDA EN QUE SE HA HECHO ESCARNIO DE LAS NORMAS CONSTITUCIONALES.
CREO QUE LA DEFENSA DEL MINISTRO ORLANDO MILLAS DEMOSTRÓ CLARAMENTE QUE ESA ACUSACIÓN CARECÍA DE TODO FUNDAMENTO CONSTITUCIONAL.
LA DERECHA HABÍA RECIBIDO CON BENEPLÁCITO LA INCORPORACIÓN DE PRATS, PERO AHORA VEÍA CON HORROR...
...CÓMO EL GENERAL SALÍA EN DEFENSA DE UN MINISTRO COMUNISTA.
EL PAÍS SE TOMABA UN "DESCANSO", PERO ERA INEVITABLE VER LAS PROFUNDAS FISURAS QUE DIVIDÍAN A CHILE.
EN UN PAÍS ATRAPADO EN UN CALLEJÓN SIN SALIDA, DONDE NO CABÍA LA NEUTRALIDAD, LAS PALABRAS DE "FALSE FLAG" RESULTABAN INQUIETANTES...
"SE HAN FRAGUADO MIL GOLPES."
"TARDE O TEMPRANO UNO FUNCIONARÁ."

«No me acuerdo, pero no es cierto. No es cierto y si fuera cierto, no me acuerdo.»

Augusto Pinochet

1973

ENERO DE 1973.
FERNANDO FLORES, MINISTRO DE HACIENDA, INICIÓ UN RACIONAMIENTO POR BARRIOS A TRAVÉS DE LAS POLÉMICAS JUNTAS DE ABASTECIMIENTO Y PRECIOS (JAP).
LAS JAP SON OTRA FORMA DE PARTICIPACIÓN DE LA CLASE OBRERA. NO SON DE NINGÚN PARTIDO, SON DE CHILE, COMPAÑERO.
"EL MARXISMO HA ARRASADO CON LA ECONOMÍA DEL PAÍS (...) SE PROPONE AHORA ARRASAR LAS PROPIAS LIBERTADES PÚBLICAS", EDITORIAL DE EL MERCURIO, 11 DE ENERO DE 1973.
JAP
TRAMPA COMUNISTA
PARTIDO NACIONAL
UN PARTIDO CHILENO. UN PARTIDO FIRME.
"O LOS BIENES ESCASOS SE REPARTEN EN FORMA EQUITATIVA PARA TODA LA POBLACIÓN O ES UN GRUPO PRIVILEGIADO EL QUE GOZA DE ELLOS...
JAP
CONTRA LA MAFIA
EL PUEBLO VIGILA
...ESTABLECIÉNDOSE DE HECHO UN RACIONAMIENTO CUYA ÚNICA TARJETA ES EL DINERO", MARTA HARNECKER, REVISTA CHILE HOY.
LAS JAP TENSARON LA RELACIÓN ENTRE COMERCIANTES ESTABLECIDOS Y POBLADORES.
SE LAS ACUSÓ DE ALLANAMIENTOS Y PRÁCTICAS ILEGALES, PROVOCANDO CRÍTICAS DE TODOS LOS SECTORES.
EL 4 DE MARZO, 4 600 000 VOTANTES ESCOGERÍAN A SUS REPRESENTANTES TRAS UNA AGRESIVA CAMPAÑA ELECTORAL.
CODE
LA UP SE ENFRENTABA A UNA OPOSICIÓN QUE SE HABÍA AGRUPADO EN LA CONFEDERACIÓN DEMOCRÁTICA (CODE).
EL MARXISMO NO SERÁ DERROTADO CON SOLO GANAR AQUELLA ELECCIÓN.
PARA TERMINAR CON ÉL DEBEMOS LUCHAR SIN TEMORES, SIN VACILACIONES, SIN COMPLEJOS NI COBARDÍA.
PABLO RODRÍGUEZ, PATRIA Y LIBERTAD.
QUE NO SE DEJE ENGAÑAR EL PUEBLO, Y LOS QUE NO VAYAN O NO SE ATREVAN A VOTAR...
...QUE NO LLOREN DESPUÉS LO QUE NO SUPIERON DEFENDER COMO HOMBRES.
EDUARDO FREI, EX PRESIDENTE DE LA REPÚBLICA Y CANDIDATO AL SENADO.
LAS DIFERENCIAS ENTRE SOCIALISTAS Y COMUNISTAS ERAN NOTORIAS.
CORRIAN RUMORES DE UN INFORME CONFIDENCIAL DEL MAPU QUE SEÑALABA...
...QUE EL PC MODERADO BIEN PODRÍA ACERCARSE A LA DC
LA CONSECUENCIA: UNA RADICALIZACIÓN DE LOS EXTREMOS.

4 DE MARZO DE 1973.
CON MÁS DEL 40 % DE LOS VOTOS, EL GOBIERNO AUMENTÓ SU NÚMERO DE DIPUTADOS Y SENADORES, SALVANDO A ALLENDE DEL VETO DERECHISTA.
NI LA CARESTÍA, NI LA INFLACIÓN, NI LAS PUGNAS INTERNAS DERROTARON A ALLENDE.
LA IZQUIERDA CELEBRÓ ESTE HECHO SIN PRECEDENTES.
LA DERECHA ALEGÓ FRAUDE ELECTORAL.
ALGUNOS DE LOS QUE ESPERABAN LA DERROTA DE LA UP, ABANDONARON EL PAÍS.
PURO CHILE
¡CHUPENSE ESTA!
UP 43,39% Momios 54,7%
OVALLE
Resultados Finales
UP 43,39%
CODE 54,70%
"EL PUEBLO HA GANADO UNA BATALLA, PERO NO HA GANADO LA GUERRA", CARLOS ALTAMIRANO, SECRETARIO GENERAL DEL PS.
EN SU AFÁN POR NO COMPROMETER SU NEUTRALIDAD, PRATS Y LOS MILITARES ABANDONARON EL GABINETE.
12 DE ABRIL DE 1973.
EL CONTROL DE LAS CONCIENCIAS
LA DERECHA, LA IGLESIA Y LAS FUERZAS ARMADAS VIERON LA REFORMA EDUCACIONAL DE LA ESCUELA NACIONAL UNIFICADA (ENU) DE ALLENDE COMO UN INTENTO DE "CONCIENTIZACIÓN" MARXISTA.
EL GOBIERNO POSTERGÓ INDEFINIDAMENTE EL PROYECTO.
18 DE ABRIL: LA OPOSICIÓN ANUNCIÓ NUEVA CENSURA CONSTITUCIONAL CONTRA TODO EL GABINETE DE ALLENDE.
EL 26 DE ABRIL POR PRIMERA VEZ LA MONEDA FUE ATACADA CON UNA MOLOTOV. SEDES DEL PC Y EL PS FUERON SAQUEADAS.
EL 27 DE ABRIL DE 1973.
LOS OBREROS DEL CORDÓN INDUSTRIAL SE DECLARARON EN ALERTA.
EL OBRERO JOSÉ AHUMADA MURIÓ AMETRALLADO Y OTROS SEIS RESULTARON HERIDOS AL PASAR FRENTE A LA SEDE DE LA DEMOCRACIA CRISTIANA EN LA CAPITAL.
LUEGO, EN CONFUSO INCIDENTE, MURIÓ UN MIEMBRO DE PATRIA Y LIBERTAD.
DOS DIRIGENTES DE PATRIA Y LIBERTAD FUERON DETENIDOS AL INTENTAR INGRESAR ARMAS DESDE ARGENTINA EN UNA AVIONETA, LA MISMA EN LA QUE ROBERTO THIEME HABÍA "DESAPARECIDO" EL 23 DE FEBRERO.
EL GOBIERNO BUSCÓ EXPROPIAR 93 GRANDES INDUSTRIAS. "ES EL FIN DE LA EMPRESA PRIVADA", DECLARÓ ORLANDO SAÉNZ, PRESIDENTE DE LA SOFOFA.

EL 15 DE MAYO DE 1973, SE INICIÓ UNA HUELGA MINERA EN EL TENIENTE Y SE ANUNCIÓ UN NUEVO PARO CAMIONERO.
ERAN FRECUENTES LAS BATALLAS CAMPALES ENTRE OBREROS Y POLICÍAS.
LAS NOTICIAS DE BOMBAZOS, HUELGAS Y ENFRENTAMIENTOS SE REPETÍAN DIARIAMENTE.
EL 7 DE JUNIO DE 1973, EL PRESIDENTE DEL PARTIDO NACIONAL, SERGIO ONOFRE JARPA EXIGÍA ABIERTAMENTE UN CAMBIO DE MANDO...
..."SIN UN CAMBIO DE GOBIERNO NO HAY NINGUNA POSIBILIDAD DE DETENER EL PROCESO ACELERADO DE RUINA Y DESINTEGRACIÓN DE CHILE".
EL CLIMA ERA DE TOTAL AGITACIÓN.
LA VIOLENCIA RECRUDECÍA.
LOS LLAMADOS A UN GOLPE DE ESTADO ERAN CADA VEZ MÁS EXPLÍCITOS.
13 DE JUNIO DE 1973: EL SECRETARIO GENERAL DEL PARTIDO SOCIALISTA, CARLOS ALTAMIRANO DECLARABA:
..."LA DERECHA TIENE (...) DOS TÁCTICAS (...) UNA, LA DE LOS FASCISTAS ENCABEZADOS POR SERGIO ONOFRE JARPA, QUE QUIERE EL GOLPE HOY, Y LA OTRA, LA DEL DERECHISTA FREI, QUE PRETENDE EL GOLPE EN AGOSTO O SEPTIEMBRE".
EL 27 DE JUNIO, EL GENERAL PRATS PROTAGONIZÓ UN CONFUSO INCIDENTE QUE LO LLEVÓ A UTILIZAR SU ARMA DE SERVICIO EN LA VÍA PÚBLICA.
29 DE JUNIO DE 1973: AL MANDO DEL COMANDANTE ROBERTO SOUPER, UN SECTOR DEL REGIMIENTO BLINDADO Nº2 SE LEVANTÓ EN ARMAS Y A BORDO DE TANQUES LLEGARON A LA MONEDA.
LA ASONADA SE CONOCIÓ COMO EL "TANQUETAZO".
EL CAMARÓGRAFO ARGENTINO LEONARDO HENRICKSEN FILMÓ SU PROPIA MUERTE A MANOS DE UN CONJURADO.
A ESA ALTURA, ALLENDE HACÍA UN LLAMADO DESESPERADO: "QUE EL PUEBLO SALGA A LA CALLE, PERO NO PARA SER AMETRALLADO (...) SI LLEGA LA HORA, ARMAS TENDRÁ EL PUEBLO. PERO YO CONFÍO EN LAS FUERZAS ARMADAS LEALES AL GOBIERNO"
PRATS EN PERSONA SOFOCÓ LA REBELIÓN.
¿ERA ESE INTENTO DE GOLPE UN ENSAYO PARA ACCIONES FUTURAS?

EL 10 DE JULIO EL DIPUTADO SOCIALISTA MARIO PALESTRO HIZO UN FERVIENTE LLAMADO A SUS PARTIDARIOS: "¡A NOSOTROS NO SE NOS VAN A HACER LOS PANTALONES PARA LA PROVOCACIÓN Y LA GUERRA CIVIL!".
ahora han masacrado un comandante mañana puede ser U
EL 13 DE JULIO MIGUEL ENRÍQUEZ DEL MIR LLAMABA A SOLDADOS Y CARABINEROS A DESOBEDECER A SUS SUPERIORES.
EL 16 DE JULIO PATRIA Y LIBERTAD ANUNCIÓ SU PASO A LA CLANDESTINIDAD.
PEDIMOS A LOS DIRIGENTES POLÍTICOS Y ALTOS RESPONSABLES DE LA PATRIA QUE AGOTEN EL DIÁLOGO ENTRE ELLOS... SUGERIMOS UNA TREGUA.
20 DE JULIO: EL CARDENAL RAÚL SILVA HENRÍQUEZ REMARCÓ LA POSICIÓN DE LA IGLESIA...
EL 26 DE JULIO EL EDECÁN NAVAL DEL PRESIDENTE, CAPITÁN DE NAVÍO ARTURO ARAYA, FUE ASESINADO EN SU DOMICILIO EN PROVIDENCIA.
AL AMPARO DE LA LEY DE CONTROL DE ARMAS, LOS MILITARES COMENZARON VIOLENTOS ALLANAMIENTOS EN FÁBRICAS Y ORGANIZACIONES IZQUIERDISTAS EN BUSCA DE ARMAMENTO.
EL 9 DE AGOSTO ALLENDE INCORPORÓ AL NUEVO GABINETE (EL SEXTO EN LO QUE LLEVABA DE MANDATO) A LOS JEFES DE LAS FUERZAS ARMADAS Y DE ORDEN.
EL 9 DE AGOSTO AUGUSTO PINOCHET EN EL EJÉRCITO, GUSTAVO LEIGH EN LA FUERZA AÉREA Y JOSÉ TORIBIO MERINO EN LA ARMADA ASUMIERON COMO COMANDANTES SUBROGANTES.
8 DE AGOSTO: LA ARMADA DETUVO A 23 HOMBRES ACUSADOS DE SUBVERSIÓN EN LAS NAVES BLANCO ENCALADA Y ALMIRANTE LATORRE.
EL 8 DE AGOSTO RAFAEL CUMSILLE LLAMÓ A PARO.
EL 13 DE AGOSTO SE REPORTARON 253 ATENTADOS TERRORISTAS, 5 MUERTOS, MÁS DE 100 HERIDOS Y MILLONES EN PÉRDIDAS.
EL 13 DE AGOSTO ALLENDE CALIFICABA EL PARO DE TRANSPORTISTAS DE "SEDICIOSO, CRIMINAL Y SUBVERSIVO".
SE HIZO COMÚN QUE MUJERES DE DERECHA ARROJARAN TRIGO Y MAÍZ AL PASO DE LOS MILITARES, ACUSÁNDOLOS DE GALLINAS.
21 DE AGOSTO: CERCA DE 300 ESPOSAS DE OFICIALES SE MANIFESTARON FRENTE A LA CASA DEL GENERAL PRATS Y LE ENTREGARON UNA CARTA EN QUE LO LLAMABAN A TOMAR UNA POSICIÓN CONTRARIA A LA UP.
DOS DÍAS MÁS TARDE, PRATS RENUNCIÓ A SUS CARGOS DE MINISTRO DE DEFENSA Y DE COMANDANTE EN JEFE DEL EJÉRCITO.
23 DE AGOSTO: TRAS REUNIÓN ENTRE ALLENDE, PRATS Y PINOCHET, ESTE ÚLTIMO FUE NOMBRADO NUEVO COMANDANTE EN JEFE.
EL 28 DE AGOSTO DE 1973, PATRIA Y LIBERTAD A TRAVÉS DE ROBERTO THIEME ENVIABA UN DESAFIANTE MENSAJE: "DERROCAREMOS AL GOBIERNO DE LA UNIDAD POPULAR SEA COMO SEA. SI ES NECESARIO QUE HAYA MILES DE MUERTOS LOS HABRÁ".

EL 4 DE SEPTIEMBRE LA UP CONMEMORÓ EL TERCER AÑO DE SU GOBIERNO CON UNA MASIVA Y ENTUSIASTA MARCHA.
ALLENDE FUE CLARO EN SU DISCURSO.
"ENEMIGOS TENACES, CONSTANTES, EXISTÍAN ANTES DE LA ELECCIÓN. DESPUÉS DE ÉSTA (...) SE ALZARON CON MÁS VEHEMENCIA, AL VERSE HERIDOS EN SUS INTERESES, AL VER HUNDIRSE EL MUNDO DE SUS PRIVILEGIOS.
TENEMOS QUE ESTAR ALERTAS, MUY ALERTAS, SIN PERDER LA SERENIDAD, CON LA CABEZA FRÍA Y EL CORAZÓN ARDIENTE. ENFRENTAMOS UNA GRAVE CONSPIRACIÓN".
APROVECHANDO QUE LA MAYORÍA DE LOS OBREROS SE ENCONTRABAN EN LA CEREMONIA DE CONMEMORACIÓN, LA FUERZA AÉREA DE CHILE ALLANÓ LAS EMPRESAS MADECO Y MADEMSA.
BOMBAZOS Y ENFRENTAMIENTOS CONTINUARON A LO LARGO DE TODO EL PAÍS.
CARLOS ALTAMIRANO (PS), ÓSCAR GARRETÓN (MAPU) Y MIGUEL HENRÍQUEZ (MIR) FUERON ACUSADOS DE INDUCIR LA REBELIÓN EN SECTORES DE LA ARMADA.
MIGUEL ENRÍQUEZ FILTRÓ INFORMACIÓN QUE SEÑALABA AL CONTRALMIRANTE JOSÉ TORIBIO MERINO COMO CONSPIRADOR DE LA AMENAZA GOLPISTA.
EL SECTOR CONSERVADOR DEL EJÉRCITO YA NO ESCONDÍA SU DESCONTENTO.
LA HUELGA DE TRANSPORTISTAS CONTINUÓ TRAS CASI SIETE SEMANAS DE PARO DE ACTIVIDADES.
LA OPOSICIÓN MULTIPLICABA DECLARACIONES EN LAS QUE PEDÍA LA DIMISIÓN DE ALLENDE.
ENTRE EL 2 JULIO Y EL 7 DE SEPTIEMBRE LOS MILITARES REALIZARON 21 ALLANAMIENTOS.
MANUFACTURAS SUMAR
LUCHANDO JUNTO AL PUEBLO
EN UNO DE ELLOS, LA FACH ALLANÓ INDUSTRIAS SUMAR CON UN NUTRIDO INTERCAMBIO DE DISPAROS.
9 DE SEPTIEMBRE DE 1973.
DESATENDIENDO LA EXPRESA PETICIÓN DE ALLENDE, CARLOS ALTAMIRANO REALIZÓ UN POLÉMICO DISCURSO EN EL ESTADIO CHILE Y RECONOCIÓ ACERCAMIENTOS CON SUBOFICIALES DE LA ARMADA.
SE ME ACUSA DE HABER ASISTIDO A REUNIONES CON MARINEROS Y SUBOFICIALES...
...FUI INVITADO PARA ESCUCHAR LAS DENUNCIAS EN CONTRA DE ACTOS SUBVERSIVOS PERPETRADOS PRESUNTAMENTE POR OFICIALES DE ESA INSTITUCIÓN ARMADA.
EL GOLPE NO SE COMBATE CON DIÁLOGOS. EL GOLPE SE APLASTA CON LA FUERZA DE LOS TRABAJADORES...
...LA GUERRA CIVIL EN QUE SE ENCUENTRA EMPEÑADA LA REACCIÓN, ESTIMULADA, APOYADA Y SUSTENTADA POR EL IMPERIALISMO NORTEAMERICANO, SE ATAJA SOLO CREANDO UN VERDADERO PODER POPULAR.
LA SENSACIÓN AMBIENTAL ERA QUE ALLENDE ESTABA DISPUESTO A DAR CIERTAS CONCESIONES...
...PERO JAMÁS A DIMITIR.
Y QUE UN GOLPE DE ESTADO ERA INMINENTE.

10 DE SEPTIEMBRE DE 1973.
ALLENDE EN LA UTE
EL PRESIDENTE DE LA REPUBLICA CONCURRE A LA EXPOSICION "POR LA VIDA...SIEMPRE" Y DIALOGA CON LOS ESTUDIANTES Y TRABAJADORES UNIVERSITARIOS DE SANTIAGO.
MARTES 11 / 11 horas.
FORO GRIEGO UTE.
por la vida ...siempre!
CLAUDIA ME HABLÓ DE LA EXPOSICIÓN QUE ALLENDE INAUGURARÍA AL DÍA SIGUIENTE EN LA UNIVERSIDAD TÉCNICA DEL ESTADO.
ELLA NO IRÍA.
ENTRE EL CAOS Y EL TRABAJO PARA EL DIARIO VI POCO A LOS AMIGOS.
PERO A MÍ ME INTERESABA.
MÁS AÚN DESDE QUE HABÍA RECIBIDO EL RUMOR DE QUE POR ESOS DÍAS...
...ALLENDE PODÍA ANUNCIAR LA ARRIESGADA MANIOBRA DE UN PLEBISCITO...
...PARA QUE LOS CHILENOS SE PRONUNCIARAN SOBRE LA SITUACIÓN DEL PAÍS.
...¿ESTABA ALLENDE EN CONDICIONES DE GANAR ESE PLEBISCITO?
¿O ERA SOLO UNA MANERA ELEGANTE DE SALIR DE ESCENA?
NO LO DIRÉ DOS VECES.
ALGUIEN QUE TE QUIERE BIEN TE PIDE QUE TE VAYAS LO ANTES POSIBLE DEL PAÍS, ¿ENTIENDES?
CUANDO DESPERTÉ, HABÍA UN HOMBRE ATADO FRENTE A MÍ.
NADIE TE QUIERE POR ACÁ METIÉNDOTE EN LO QUE NO TE INTERESA.
PODRÍAMOS MATARTE, PERO TE QUIEREN LIMPIO Y FUERA DE CHILE.
TIENES MÁS SUERTE QUE ESTE AMIGO TUYO, EL HOCICÓN.
¿AMIGO?
¿DE QUÉ ESTABA HABLANDO?
¡FALSE FLAG!
RECUERDA. NO VAS A QUERER ESTAR AQUÍ...
CUANDO EL BEBÉ NAZCA MAÑANA.
MÁS TARDE DESPERTÉ EN MI PROPIO DEPARTAMENTO Y LOS HECHOS COMENZARON A PRECIPITARSE CON FURIA INUSITADA.

11 DE SEPTIEMBRE DE 1973.
SEGURAMENTE, ÉSTA ES LA ÚLTIMA OPORTUNIDAD EN QUE PUEDA DIRIGIRME A USTEDES.
"TODAS LAS PERSONAS QUE ESTÉN OFRECIENDO RESISTENCIA AL NUEVO GOBIERNO...
MIS PALABRAS NO TIENEN AMARGURA SINO DECEPCIÓN.
...DEBERÁN ATENERSE A LAS CONSECUENCIAS...
QUE SEAN ELLAS EL CASTIGO MORAL PARA LOS QUE HAN TRAICIONADO EL JURAMENTO QUE HICIERON: SOLDADOS DE CHILE...
¡YO NO VOY A RENUNCIAR!
COLOCADO EN UN TRÁNSITO HISTÓRICO, PAGARÉ CON MI VIDA LA LEALTAD DEL PUEBLO.
...CASO CONTRARIO LAS FUERZAS ARMADAS ACTUARÁN CON LA MISMA ENERGÍA Y DECISIÓN...
TIENEN LA FUERZA, PODRÁN AVASALLARNOS, PERO NO SE DETIENEN LOS PROCESOS SOCIALES NI CON EL CRIMEN NI CON LA FUERZA.
LA HISTORIA ES NUESTRA Y LA HACEN LOS PUEBLOS.
TRABAJADORES DE MI PATRIA: QUIERO AGRADECERLES LA LEALTAD QUE SIEMPRE TUVIERON...
...EN UN HOMBRE QUE SOLO FUE INTÉRPRETE DE GRANDES ANHELOS DE JUSTICIA...
...QUE EMPEÑÓ SU PALABRA EN QUE RESPETARÍA LA CONSTITUCIÓN Y LA LEY, Y ASÍ LO HIZO.
...CON QUE SE ATACÓ A LA MONEDA CON FUERZAS DE TIERRA Y AIRE", BANDO MILITAR DE LA JUNTA DE GOBIERNO.

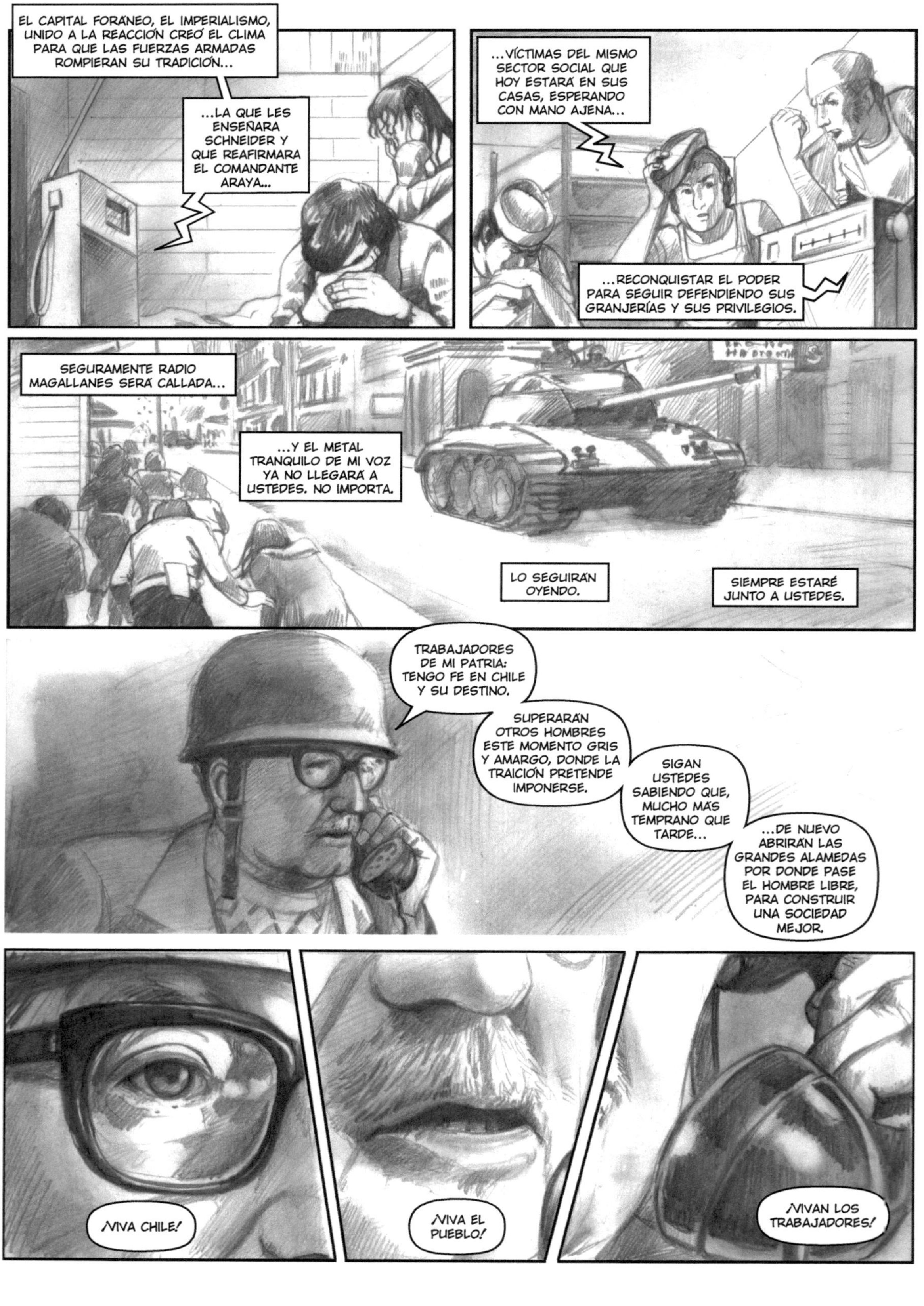
EL CAPITAL FORÁNEO, EL IMPERIALISMO, UNIDO A LA REACCIÓN CREÓ EL CLIMA PARA QUE LAS FUERZAS ARMADAS ROMPIERAN SU TRADICIÓN...
...LA QUE LES ENSEÑARA SCHNEIDER Y QUE REAFIRMARA EL COMANDANTE ARAYA...
...VÍCTIMAS DEL MISMO SECTOR SOCIAL QUE HOY ESTARÁ EN SUS CASAS, ESPERANDO CON MANO AJENA...
...RECONQUISTAR EL PODER PARA SEGUIR DEFENDIENDO SUS GRANJERÍAS Y SUS PRIVILEGIOS.
SEGURAMENTE RADIO MAGALLANES SERÁ CALLADA...
...Y EL METAL TRANQUILO DE MI VOZ YA NO LLEGARÁ A USTEDES. NO IMPORTA.
LO SEGUIRÁN OYENDO.
SIEMPRE ESTARÉ JUNTO A USTEDES.
TRABAJADORES DE MI PATRIA: TENGO FE EN CHILE Y SU DESTINO.
SUPERARÁN OTROS HOMBRES ESTE MOMENTO GRIS Y AMARGO, DONDE LA TRAICIÓN PRETENDE IMPONERSE.
SIGAN USTEDES SABIENDO QUE, MUCHO MÁS TEMPRANO QUE TARDE...
...DE NUEVO ABRIRÁN LAS GRANDES ALAMEDAS POR DONDE PASE EL HOMBRE LIBRE, PARA CONSTRUIR UNA SOCIEDAD MEJOR.
¡VIVA CHILE!
¡VIVA EL PUEBLO!
¡VIVAN LOS TRABAJADORES!

RENDICIÓN INCONDICIONAL ¡NADA DE PARLAMENTAR! ¡RENDICIÓN INCONDICIONAL!
COMUNICACIÓN RADIAL ENTRE AUGUSTO PINOCHET Y EL ALMIRANTE PATRICIO CARVAJAL.
CONFORME. RENDICIÓN INCONDICIONAL Y SE LE TOMA PRESO, OFRECIÉNDOLE NADA MÁS QUE RESPETARLE LA VIDA.
LA VIDA Y LA INTEGRIDAD FÍSICA Y EN SEGUIDA SE LE VA A DESPACHAR PA' OTRA PARTE.
CONFORME. YA, O SEA, SE MANTIENE EL OFRECIMIENTO DE SACARLO DEL PAÍS.
SE MANTIENE EL OFRECIMIENTO DE SACARLO DEL PAÍS... PERO EL AVIÓN SE CAE VIEJO, CUANDO VAYA VOLANDO.
CONFORME. JAJAJAJA... CONFORME.

LAS NOTICIAS QUE HABÍAN LLEGADO ESA MAÑANA A LA MONEDA ERAN CONFUSAS Y FRAGMENTARIAS.
07:50 AM: EL PRESIDENTE DE LA REPÚBLICA INTENTÓ COMUNICARSE INFRUCTUOSAMENTE CON EL COMANDANTE EN JEFE DEL EJÉRCITO.
¡POBRE PINOCHET, DEBE ESTAR PRESO!
PESE A ESTAR CERCADO EN EL PALACIO DE GOBIERNO POR FUERZAS GOLPISTAS, EL MANDATARIO AÚN PENSABA QUE SE TRATABA DE UN MOTÍN ACOTADO.
ALLENDE RECHAZÓ CADA ULTIMÁTUM QUE SE LE OFRECIÓ.
CONFIABA EN QUE LOS GOLPISTAS NO SE ATREVERÍAN A BOMBARDEAR EL PALACIO DE GOBIERNO.
SERÍA UNA MASACRE.
EL PRESIDENTE SE REUNIÓ CON SUS TRES EDECANES.
DÍGANLES A SUS COMANDANTES EN JEFE QUE NO ME IRÉ DE AQUÍ.
SI QUIEREN MI RENUNCIA, QUE TENGAN LA VALENTÍA DE VENIR A PEDÍRMELO PERSONALMENTE.
NO ME VAN A SACAR VIVO DE AQUÍ. YO MISMO ME DARÉ EL ÚLTIMO TIRO.
VUELVAN A SUS INSTITUCIONES SEÑORES.
ES UNA ORDEN.

DIRIGIDOS POR EDUARDO "COCO" PAREDES, LOS GAP PLANEABAN SACAR A ALLENDE DE LA MONEDA.
10:45 AM.
"NOS QUEDAMOS", SENTENCIÓ EL PRESIDENTE.
AGRADEZCO SU LEALTAD Y SEPAN QUE NO DEJARÉ MI CARGO.
A AQUELLOS QUE TENGAN HIJOS, PROYECTOS POR REALIZAR Y A LAS MUJERES, LES PIDO A QUE ABANDONEN LA MONEDA.
A LOS QUE NO TENGAN ARMAS O NO SEPAN USARLAS, LES PIDO TAMBIÉN QUE SE VAYAN. PEDIRÉ UNA TREGUA A LOS MILITARES.
DEBEN CONTAR AL MUNDO LO QUE AQUÍ HAN VIVIDO.
UN GRUPO DE MUJERES, ENTRE LAS QUE SE CONTABAN BEATRIZ E ISABEL ALLENDE, HIJAS DEL MANDATARIO, SALIERON DE LA MONEDA.
¡BRROOOWWWMM!
LA SECRETARIA DEL PRESIDENTE, MIRIAM CONTRERAS, LA PAYITA, DECIDIÓ QUEDARSE.
A LAS 11:52, DOS AVIONES HAWKER HUNTER INICIARON EL BOMBARDEO A LA MONEDA.
13 HRS.
EL PERIODISTA AUGUSTO, "PERRO", OLIVARES, AMIGO DEL PRIMER MANDATARIO...
...TOMÓ UNA DECISIÓN QUE AFECTARÍA PROFUNDAMENTE A SALVADOR ALLENDE.
"¡PERRITO! ¡SE MATÓ EL PERRITO! ¡MI HERMANO!", EXCLAMÓ EL NEGRO JORQUERA, EL PRIMERO EN DESCUBRIR EL CUERPO.
BLAM

13:50 HRS.
ALLENDE ORDENÓ A JUAN SEOANE ORGANIZAR LA RENDICIÓN.
EDUARDO "COCO" PAREDES COMUNICÓ A LOS MILITARES QUE EL PRESIDENTE HABÍA DECIDIDO PEDIR UN VEHÍCULO PARA SALIR.
EL GRUPO SE APRESTABA A ABANDONAR EL PALACIO DE GOBIERNO POR LA PUERTA DE MORANDÉ 80.
ALLENDE SERÍA EL ÚLTIMO EN SALIR.
AL MANDO DEL GENERAL PALACIOS, LAS FUERZAS GOLPISTAS SE APRESTABAN A ENTRAR A LA MONEDA.
CLAK
BLAM
BLAM
CUANDO EL DR. PATRICIO GUIJÓN REGRESÓ PARA RECOGER UNA MÁSCARA DE GAS COMO RECUERDO DE LOS HECHOS VIVIDOS EN LA MONEDA...
...SE CONVERTIRÍA EN EL PRIMER TESTIGO DE LA MUERTE DE SALVADOR ALLENDE.

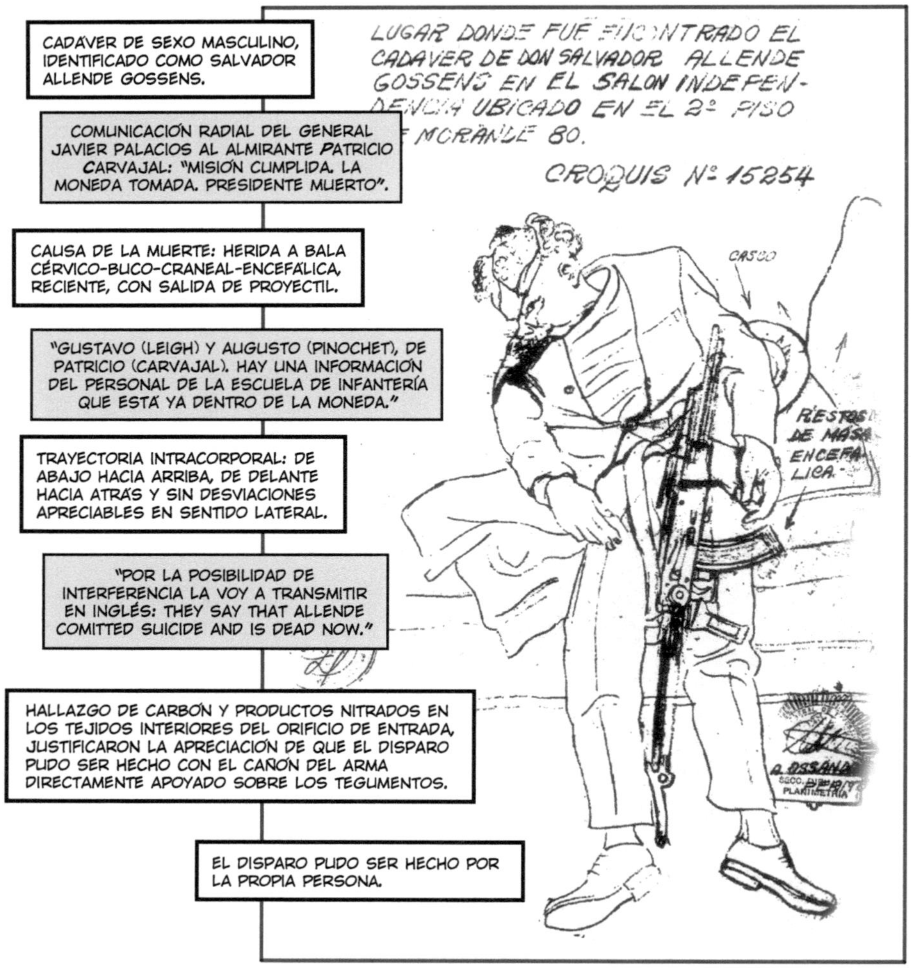
CADÁVER DE SEXO MASCULINO, IDENTIFICADO COMO SALVADOR ALLENDE GOSSENS.
COMUNICACIÓN RADIAL DEL GENERAL JAVIER PALACIOS AL ALMIRANTE PATRICIO CARVAJAL: "MISIÓN CUMPLIDA. LA MONEDA TOMADA. PRESIDENTE MUERTO".
CAUSA DE LA MUERTE: HERIDA A BALA CÉRVICO-BUCO-CRANEAL-ENCEFÁLICA, RECIENTE, CON SALIDA DE PROYECTIL.
"GUSTAVO (LEIGH) Y AUGUSTO (PINOCHET), DE PATRICIO (CARVAJAL). HAY UNA INFORMACIÓN DEL PERSONAL DE LA ESCUELA DE INFANTERÍA QUE ESTÁ YA DENTRO DE LA MONEDA."
TRAYECTORIA INTRACORPORAL: DE ABAJO HACIA ARRIBA, DE DELANTE HACIA ATRÁS Y SIN DESVIACIONES APRECIABLES EN SENTIDO LATERAL.
"POR LA POSIBILIDAD DE INTERFERENCIA LA VOY A TRANSMITIR EN INGLÉS: THEY SAY THAT ALLENDE COMITTED SUICIDE AND IS DEAD NOW."
HALLAZGO DE CARBÓN Y PRODUCTOS NITRADOS EN LOS TEJIDOS INTERIORES DEL ORIFICIO DE ENTRADA, JUSTIFICARON LA APRECIACIÓN DE QUE EL DISPARO PUDO SER HECHO CON EL CAÑÓN DEL ARMA DIRECTAMENTE APOYADO SOBRE LOS TEGUMENTOS.
EL DISPARO PUDO SER HECHO POR LA PROPIA PERSONA.
LUGAR DONDE FUE
NTRADO EL
CADAVER DE DON SALVADOR ALLENDE
GOSSENS EN EL SALON INDEPEN-
UBICADO EN EL 2º PISO
MORANDE 80.
CROQUIS Nº 15254
CASCO
RESTOS DE MASA ENCEFA LICA.
PLANIMETRÍA

¡CRAAK!

¡CRAK!

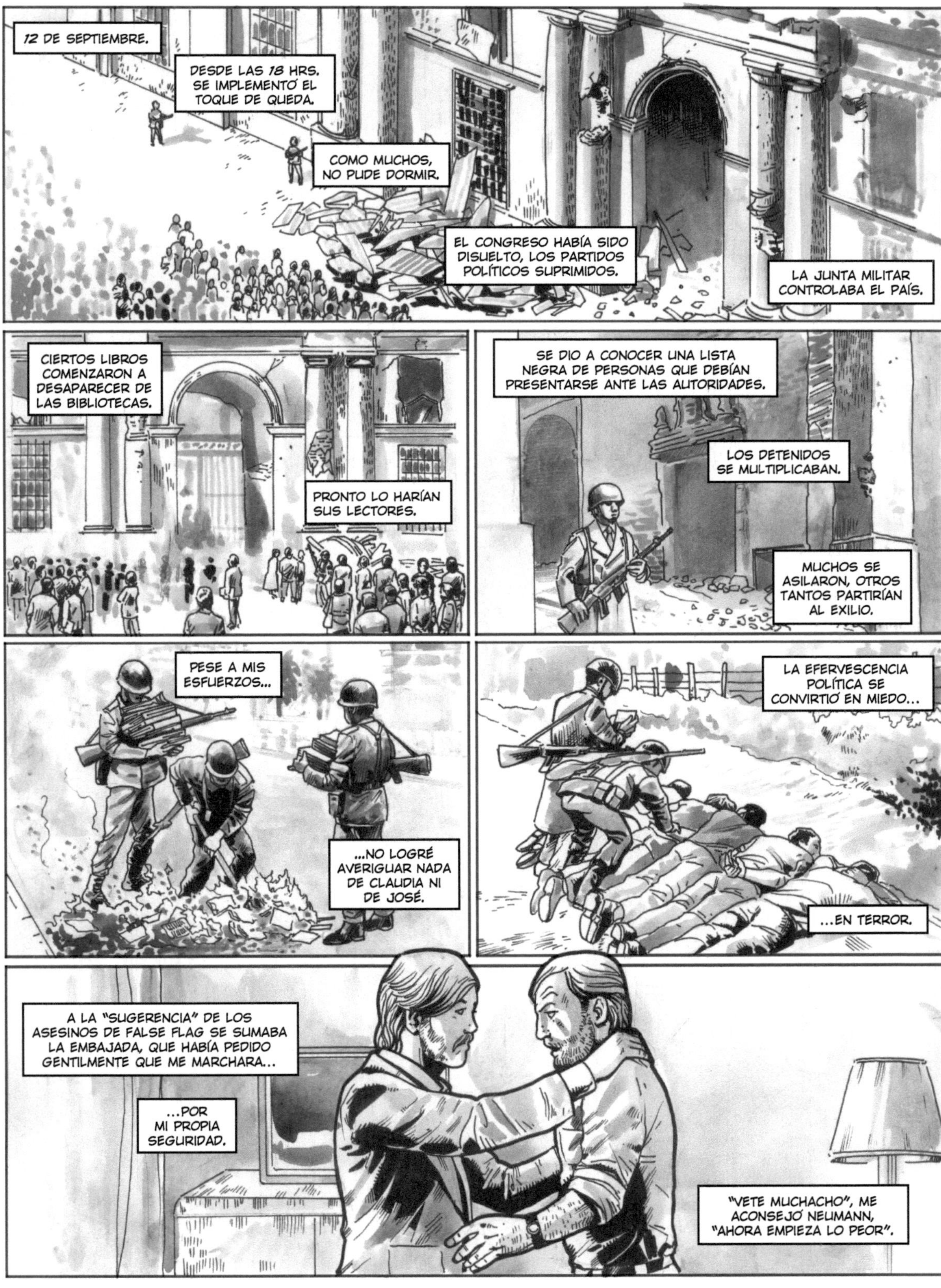
12 DE SEPTIEMBRE.
DESDE LAS 18 HRS. SE IMPLEMENTÓ EL TOQUE DE QUEDA.
COMO MUCHOS, NO PUDE DORMIR.
EL CONGRESO HABÍA SIDO DISUELTO, LOS PARTIDOS POLÍTICOS SUPRIMIDOS.
LA JUNTA MILITAR CONTROLABA EL PAÍS.
CIERTOS LIBROS COMENZARON A DESAPARECER DE LAS BIBLIOTECAS.
PRONTO LO HARÍAN SUS LECTORES.
SE DIO A CONOCER UNA LISTA NEGRA DE PERSONAS QUE DEBÍAN PRESENTARSE ANTE LAS AUTORIDADES.
LOS DETENIDOS SE MULTIPLICABAN.
MUCHOS SE ASILARON, OTROS TANTOS PARTIRÍAN AL EXILIO.
PESE A MIS ESFUERZOS...
...NO LOGRÉ AVERIGUAR NADA DE CLAUDIA NI DE JOSÉ.
LA EFERVESCENCIA POLÍTICA SE CONVIRTIÓ EN MIEDO...
...EN TERROR.
A LA "SUGERENCIA" DE LOS ASESINOS DE FALSE FLAG SE SUMABA LA EMBAJADA, QUE HABÍA PEDIDO GENTILMENTE QUE ME MARCHARA...
...POR MI PROPIA SEGURIDAD.
"VETE MUCHACHO", ME ACONSEJÓ NEUMANN, "AHORA EMPIEZA LO PEOR".

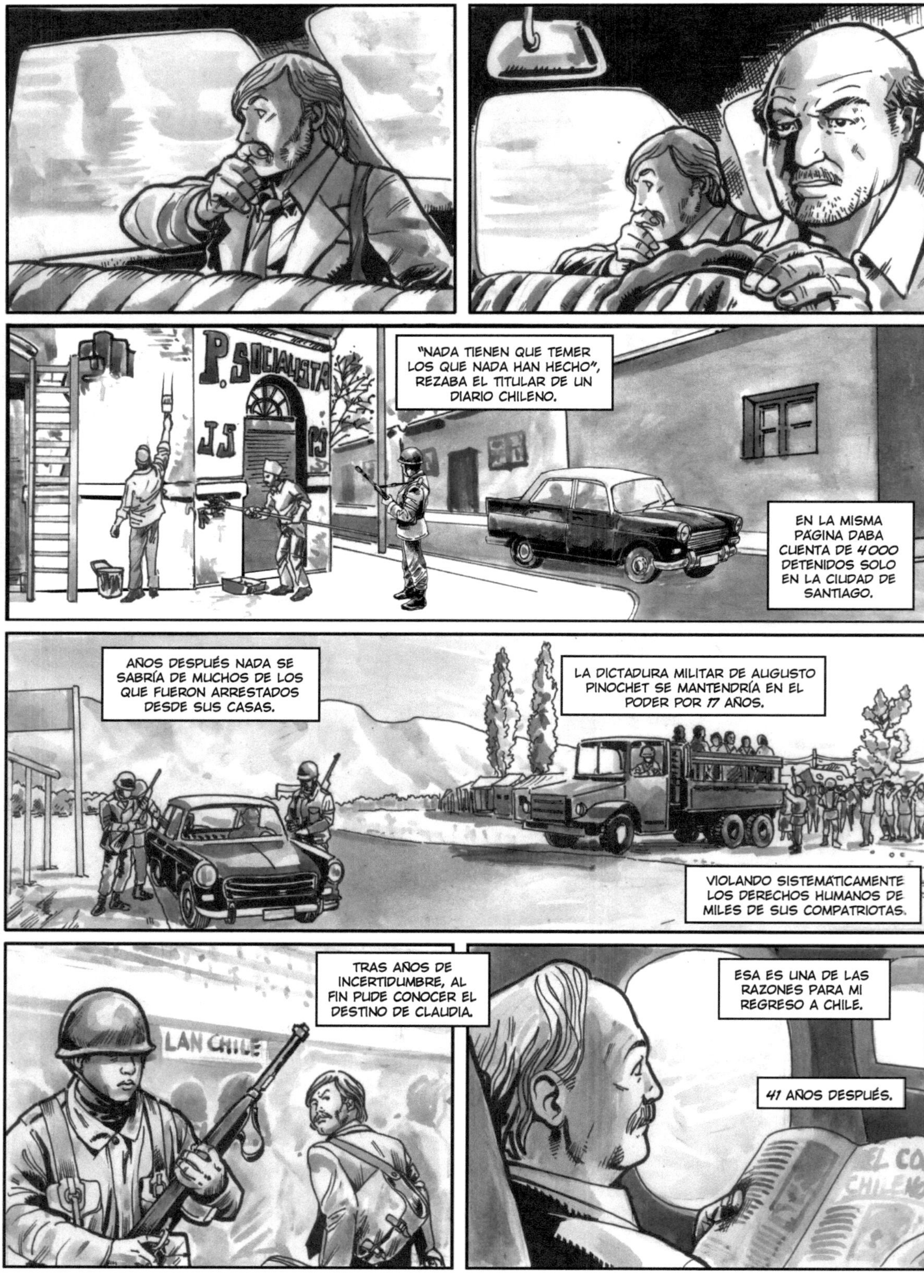

"NADA TIENEN QUE TEMER LOS QUE NADA HAN HECHO", REZABA EL TITULAR DE UN DIARIO CHILENO.
P. SOCIALISTA
J.J.
EN LA MISMA PÁGINA DABA CUENTA DE 4000 DETENIDOS SOLO EN LA CIUDAD DE SANTIAGO.
AÑOS DESPUÉS NADA SE SABRÍA DE MUCHOS DE LOS QUE FUERON ARRESTADOS DESDE SUS CASAS.
LA DICTADURA MILITAR DE AUGUSTO PINOCHET SE MANTENDRÍA EN EL PODER POR 17 AÑOS.
VIOLANDO SISTEMÁTICAMENTE LOS DERECHOS HUMANOS DE MILES DE SUS COMPATRIOTAS.
TRAS AÑOS DE INCERTIDUMBRE, AL FIN PUDE CONOCER EL DESTINO DE CLAUDIA.
LAN CHILE
ESA ES UNA DE LAS RAZONES PARA MI REGRESO A CHILE.
41 AÑOS DESPUÉS.

AEROPUERTO ARTURO MERINO BENÍTEZ, SANTIAGO DE CHILE, AGOSTO DE 2014.
NUNCA PERDÍ EL CONTACTO CON MARCELO.
UNA PROFUNDA AMISTAD ME UNIÓ CON NEUMANN HASTA SU MUERTE.
CON LA CITA SARCÁSTICA A FLOR DE LABIOS Y SU INTUICIÓN DE SABUESO EXPERTO, EL VIEJO FUE MI CONSEJERO Y MENTOR.
JOSÉ ES HASTA HOY UNO DE LOS TANTOS DETENIDOS DESAPARECIDOS DE LA DICTADURA MILITAR CHILENA.
SU FAMILIA AÚN ESPERA JUSTICIA.
CLAUDIA FUE DETENIDA Y TORTURADA.
VIVIÓ SU EXILIO EN ALEMANIA.
JAMÁS RETOMÓ SU VIDA EN ESTE PAÍS.
GRACIAS A QUE SE ENTERÓ DE LA PUBLICACIÓN ACÁ DE MI LIBRO DE CRÓNICAS...
...SOBRE LA UNIDAD POPULAR DE ALLENDE, LOGRÓ CONTACTARME POR PRIMERA VEZ.
Y YA QUE AMBOS ESTAMOS DE PASO POR CHILE...
HOY VAMOS A VERNOS.
¿QUÉ VOY A DECIRLE?

JUEVES 14 OCTUBRE
Colapso por falla en el Metro
Reforma al binominal sortea su primera valla en el congreso
Ley otorga fac
Hacienda

Notas

por Carlos Reyes

Página 20

El arte callejero, potente y anónimo de las brigadas muralistas hizo de sus intervenciones en las paredes de la ciudad un hito importante en el proceso político del 70. En la viñeta mostramos un trabajo de la juventud socialista que tomamos del libro *Puño y letra* (Ocho Libros, 2016), escrito por el diseñador Eduardo Castillo Espinoza y que versa sobre el cartel, el diseño y la expresión gráfica ligada a la propaganda política chilena.

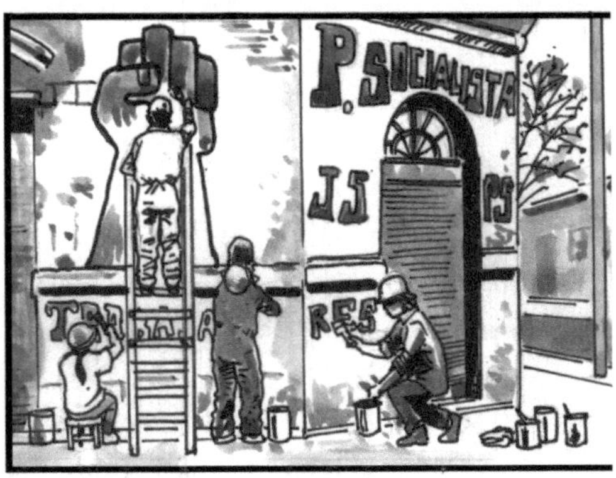

Muralistas en acción a fines de 1970.

El artista, escenógrafo y muralista Alejandro «Mono» González se refiere en el volumen de Castillo, entre otras cosas, a los cascos que usaban en ese entonces para «proteger a los brigadistas de las pedradas y confrontaciones a las que siempre estuvieron expuestos». Sobre el arte gráfico que usa el espacio público como soporte político aún hay mucho que investigar. El trabajo de Castillo viene a saldar parte de esta deuda.

Página 21

Desde aquí hasta la página 24, los ficticios hechos narrados suceden en el conocido Palacio Bruna, ubicado en pleno Barrio Lastarria frente al Parque Forestal en la ciudad de Santiago.

Vista exterior del palacio Bruna.

Esta mansión del empresario del salitre Augusto Bruna fue adquirida en 1939 por la Embajada de Estados Unidos y desde 1962 fue usada como consulado de ese país. En la actualidad cobija a la Cámara Nacional de Comercio de Chile. Junto al periodista Claudio Aguilera, compañero en esta primera parte del guión (tarea que debió abandonar por razones laborales), nos pareció una buena (y probable) locación para comenzar el periplo del personaje John Nitsch en el Chile de 1970.

Página 22

Edward M. Korry (1922-2003), que conoce brevemente a John en esta recepción, fue efectivamente el embajador norteamericano en Chile entre 1967 y 1971. Como señala Peter Kornbluh, el investigador y director de la parte correspondiente a Chile del National Security Archive, en su libro *Los EEUU y el derrocamiento de Allende* (Eds. B, 2003), el 6 de octubre de 1970 Korry escribió a Kissinger: «He quedado anonadado al descubrir que existe connivencia [tachado] conspiración golpista [...] podría ser un desastre irremediable para los EEUU [...] y podría dañar gravemente los intereses estadounidenses en toda América Latina, si no

Cita en la embajada.

más allá». Muchos creyeron poco probable que Korry, en su calidad de embajador, no hubiera conocido de primera fuente los intentos de la CIA y Nixon por derrocar a Allende, pero al desclasificarse parte de los archivos secretos quedó en evidencia que Nixon no se fiaba de su embajador y decidió actuar sin informarle de todo.

Para sumar a la amplia bibliografía sobre el actuar de Korry y la participación de Estados Unidos en el golpe de estado chileno, recomiendo leer la notable entrevista que el historiador Joaquín Fermandois y Arturo Fontaine T., director del Centro de Estudios Públicos (CEP) realizaron a Korry en 1996 en Santiago de Chile, disponible en los archivos digitales de www.cepchile.cl

Páginas 27, 28 y 29

La Peña de los Parra, ubicada en la casona del pintor Juan Capra en Carmen 340, fue el epicentro del activo movimiento político-musical de La Nueva Canción Chilena que tuvo a la emblemática figura de Violeta Parra como una de sus precursoras. El movimiento se inició en Chile en los años 60 y está inextricablemente unido al proceso de la Unidad Popular. Lo integraron artistas como Isabel Parra, Víctor Jara, Patricio Manns, Rolando Alarcón, Payo Grondona, Osvaldo «Gitano» Rodríguez, Ángel Parra y los grupos Quilapayún, Inti Illimani y Cuncumén, por mencionar solo a algunos.

Eduardo Carrasco, miembro fundador de Quilapayún, describe parte de ese fervor creativo en su libro *La revolución de las estrellas* (Las Ediciones del Ornitorrinco, 1988, 2003), en el que afirma que gracias a la figura de la peña «la canción de texto por fin tenía un lugar donde existir» y agrega que tanto para «Víctor [Jara] como para Violeta [Parra], el canto era una manera de recuperar la memoria de los orígenes». El músico Álvaro Godoy escribe en el número 62 de la revista contracultural *La Bicicleta* de agosto de 1985: «La peña de los Parra fue como un pequeño corazón musical intelectual,

Claudia. John y algunos célebres parroquianos bailan cueca en La peña de los Parra.

político y bohemio, no solo de la canción, sino de gran parte de una generación que marcó la vida de este largo país». En la primera viñeta de la página 28, en la que Claudia y John bailan cueca, pueden ver a la izquierda a Ángel Parra y Rolando Alarcón y, a la derecha, a otra pareja de célebres bailarines: Isabel Parra y Víctor Jara, dibujados por Rodrigo Elgueta a partir de una fotografía sin créditos, publicada en la portada de *La Bicicleta*. A modo de colofón, en la web elsitiodeyungay.cl Ricardo Silva Rivera da cuenta de la demolición de la vieja casona de la peña el día jueves 24 de abril de 2008. El terreno pertenece actualmente a la Universidad Católica Silva Henríquez.

Página 31

Muchos podrán reconocer en la mujer de gafas oscuras de la última viñeta a la vehemente entrevistada de Patricio Guzmán en la primera parte de la imprescindible trilogía documental sobre la Unidad Popular: *La batalla de Chile*. Jacqueline Mouesca, en *Plano secuencia de la memoria de Chile* (Ediciones del Litoral, 1988) cita parte de una carta de Guzmán a su amigo, el cineasta francés Chris Marker, fechada en noviembre de 1972: «Nuestra situación política es confusa y el país completo está viviendo una situación de preguerra civil [...] cualquier guión, cualquier idea, cualquier tema, por actual que parezca, está completamente sobrepasado por la realidad [...] Lo que habría que hacer es un film de largometraje en el campo, las ciudades, las minas, las fábricas, los hogares, los puertos [...] una especie de mural, de totalidad, de gran fresco dinámico [...] en que aparezca en su globalidad la situación chilena».

Guzmán, uno de los más importantes documentalistas del país, recién pudo estrenar en Chile su premiado film en 1998 en El Cine Arte Alameda tras el retorno de la democracia, pero hasta donde tengo entendido nunca ha sido emitido por la televisión abierta chilena. El paradero del camarógrafo del filme, Jorge Müller Silva, secuestrado en noviembre de 1974 por la policía militar de Pinochet, se desconoce hasta el día de hoy. El 10 de agosto de 2014, el diario *La Tercera* señala que en la lista de los 50 mejores documentales de todos los tiempos, según la revista inglesa *Sight & Sound* del British Film Institute, se han

Inevitable cita al film documental *La batalla de Chile*, de Patricio Guzmán.

incluido dos filmes de Guzmán: *La batalla de Chile* y *Nostalgia de la luz*.

Para mayor información sobre el documentalista y su obra se puede visitar: http://www.patricioguzman.com

Página 35

Famosa es esta portada del diario ¡Puro Chile! en que el controvertido personaje «El Enano Maldito», dibujado por Jorge Mateluna «Orsus» celebra sarcásticamente la victoria de Allende. El personaje se publicaba en la viñeta de humor editorial de Puro Chile bajo el nombre de «El Enano Maldito acota». Contaba con guiones del propio Mateluna, del director del diario José Gómez López y de su subdirector, Eugenio Lira Massi. Según el investigador Jorge Montealegre en su estudio *Historia del humor gráfico en Chile* (Editorial Milenio): «El nombre se inspira en un criminal chico y cabezón, que asesina a una mujer en el Hotel Princesa».

El Enano maldito celebra sarcásticamente la victoria de la UP.

Fue tanta la popularidad del personaje que se grabaron dos canciones con su nombre: «El Enano Maldito Acota» de Quilapayún y «Pensamientos del Enano Maldito» de Nano Parra. El propio Orsus describe así a su criatura en el artículo «Los recuerdos de un enano maldito», disponible en el sitio especializado en historieta chilena, ergocomics.cl: «es sarcástico, siente rebeldía, se enfada con facilidad ante las injusticias, reacciona ante la humillación histórica impuesta a los trabajadores, es contestatario, agresivo, provocador, activista político y siempre dispuesto a reaccionar en cualquier momento, a costa de su integridad física o de su libertad ciudadana».

Página 49

Tras la victoria de Allende fue común que La Alameda se convirtiera en una fiesta gigantesca, y aquí quisimos dar cuenta de ello. Las referencias de la participación en estos eventos del internacionalmente reconocido animador de televisión chileno Mario Kreutzberger, Don Francisco, y del cantante de cumbias venezolano Luisín Landáez incorporadas aquí, nos fueron proporcionadas de primera fuente por el escritor Marcelo Mellado.

El periodista Claudio Sánchez, en su libro *Informó... Claudio Sánchez* (Catalonia, 2012) también recoge brevemente la anécdota de Landáez, figura de la cumbia que popularizara «La Piragua» y «Los cien años de Macondo» en las radios de todo Chile. Landáez participó activamente en la campaña de Salvador Allende al igual que Humberto Lozán, cantante de la mítica orquesta Huambaly. La canción que canta el grupo Intillimani es «Venceremos», himno de la Unidad Popular. Su texto es de autoría de Claudio Iturra y la música de Sergio Ortega. Aunque la canción se la asocia más a Quilapayún fue popularizada e interpretada por ambas agrupaciones. Preferí entonces reservar la aparición de Quilapayún para el concierto que realizan de su fundamental pieza musical la «Cantata Santa María de Iquique» en el cine Gran Palace de la página 97.

Inti-Illimani canta «Venceremos» en las celebraciones populares en La Alameda.

Página 54

Las revistas *La Chiva* y *La Firme* son, para todos quienes amamos la historieta y el humor gráfico, dos mitos fundacionales. No solo por su calidad, sino también porque los ecos de su impacto siguen presentes hasta hoy en la escena del cómic chileno. *La Chiva*, creada en 1968 por los hermanos Alberto y Jorge Vivanco, Hervi y Pepe Palomo fue la antesala de *La Firme*, que nació en 1970 y concluyó abruptamente en 1973.

La Chiva es una de las primeras revistas de historieta auto-gestionada de Chile, de espaldas a la industria, cosa que después del quiebre editorial de mediados de los años 70 constituirá la única forma de mantener

Una vista del nutrido escritorio de John.

vivo el espíritu de la historieta chilena. Tras el triunfo de Allende, el equipo de autores y sus colaboradores se instalaron en la editorial estatal Quimantú para dar vida a *La Firme*, la historieta de educación popular del gobierno de Allende y que John conocerá de primera mano cuando visite Quimantú en 1972 (ver páginas 89 y 90).

Página 55

Los argumentos que el muralista Alejandro «Mono» González esgrime ante John son una paráfrasis de diversas entrevistas y declaraciones del propio González. El nombre de las Brigadas Ramona Parra (BRP) de las Juventudes Comunistas rinde homenaje a la joven obrera asesinada en 1946 en una manifestación de apoyo a los trabajadores del salitre.

Las BRP en 1970 ya contaban con 120 brigadas en todo Chile, 50 de las cuales funcionaban en la capital, según lo refiere Eduardo Castillo en su ya citado volumen *Puño y letra* (Ocho Libros, 2016). Otros grupos muralistas destacados fueron las Brigadas Elmo Catalán (BEC) y Lenin Valenzuela de las Juventudes Socialistas. Pintores como

El muralista Alejandro «Mono» González.

Roberto Matta y José Balmes trabajaron directamente con jóvenes muralistas o se inspiraron en su estética para crear sus propias obras. «Era tanta la necesidad de espacios que hasta el más mínimo soporte disponible era aprovechado al máximo», diría González, siendo él y Danilo Bahamondes figuras importantes de este movimiento que llenó las paredes de Chile como si fuesen las páginas de un diario alternativo cuyos titulares obedeciesen al ímpetu de una suerte de prensa popular y callejera, creadora de una estética única y reconocible.

Página 59

El músico, cantautor, docente, actor, director de teatro, firme partidario de Allende y militante del Partido Comunista de Chile, Víctor Jara, es un mito fundacional de la música chilena.

Tras ser detenido el mismo 11 de septiembre fue torturado y brutalmente asesinado en el Estadio Chile, rebautizado hoy con su nombre. Sobre su canción «Preguntas por Puerto Montt» dijo: «Mis canciones no van dirigidas a las cosas de carácter personal. Vivimos en una sociedad cuyos valores están desequilibrados y contra esa sociedad y aquellos que marcan los destinos de esa sociedad es que van dirigidas mis canciones. Esto no excluye que yo pueda cantar a los valores más esenciales del ser como son el amor, la justicia y la libertad». Junto con Rodrigo Elgueta nos une una gran admiración por Víctor Jara, y aún abrigamos la secreta esperanza de realizar una novela gráfica sobre su vida y obra, de la que, creo, hay un par de páginas ya bocetadas. Para mayor información sobre Jara, sugiero http://fundacionvictorjara.cl/

Víctor Jara y «Preguntas por Puerto Montt».

Página 62

En esta página, y a lo largo de toda la historieta, se encontrarán cada tanto con una pequeña parte de la enorme producción de carteles de reconocidos diseñadores chilenos. Los hermanos Antonio y Vicente Larrea, Luis Albornoz, Mario Navarro, Tomás Pérez Lavín, Jorge Soto Veragua, Waldo González y Mario Quiroz son algunos de los que dieron renovación formal y estilística al cartel chileno.

Mauricio Vico y Mario Osses afirman en su libro *Un grito en la pared* (Ocho libros, 2012), que, hacia fines de los años sesenta, «el cartel, de simple pieza gráfica, pasó a convertirse en soporte complejo de comunicación [...] De esta forma el cartel, habiendo asimilado diversas fuentes de influencia, tanto externas como internas, se encontró preparado para su consolidación como soporte, lo que vino a ocurrir durante el período de la Unidad Popular». En esta página destacamos varios carteles sobre la nacionalización del cobre: «¡Por fin el Cobre es nuestro!» de Hernán Vidal «Hervi» impreso por Quimantú; «Chile se pone pantalones largos» de Vicente Larrea; y «Cobre ya eres Patria» de la agencia Vanguardia del Partido Socialista, además de la reproducción de una estampilla de Correos de Chile.

Página 63

Algunos de los más destacados cineastas chilenos del período son Miguel Littín, Raúl Ruiz, Aldo Francia, Helvio Soto y los documentalistas Patricio Guzmán y Pedro Chaskel. *Voto + Fusil* (1971), el film de Helvio Soto que John ve en el cine, fusiona elementos de la realidad, la ficción y distintos periodos de la evolución política de Chile: la víspera de las elecciones y la ratificación del triunfo de Allende (1970), la construcción del

La gráfica al servicio de la nacionalización del cobre.

John comenta el cine chileno de 1971.

frente popular (1937), y la promulgación de la ley maldita del presidente Gabriel González Videla, que declaró ilegal al Partido Comunista (1947) El tema central del film me pareció pertinente para ilustrar la dicotomía reforma/revolución, que se discutía profusamente en aquellos momentos y que se refleja habitualmente en las conversaciones entre Claudia, José y John.

En una entrevista realizada en 1972 por Hvalimir Badic, Sergio Salinas y Héctor Soto, publicada en el número 1 de la revista *Primer Plano* y que puede consultarse en http://www.cinechile.cl/archivo-46, el propio Soto se explaya sobre el film: «Ya no es suficiente el carnet de militancia. Se requiere una disposición absolutamente libre que implica arriesgar tu propia vida. En esas condiciones, ¿soy yo capaz de ser revolucionario? Ahí me vine abajo. Sentí lo cobarde que soy. [...] cuando se discutía entre la vía electoral, y la vía armada, y las cosas se resolvían por la vía armada para llegar a la revolución, sentí que estaba en una tremenda encrucijada. El único que podía resolver era yo. Ningún partido, ningún amigo podía resolver por mí. Y ahí me encontré con mi propia debilidad. El personaje sigue esa evolución». Parte de los comentarios de John sobre el film se inspiran en las reflexiones contenidas en el libro del historietista e investigador Vicente Plaza, *La imagen de los que hablan*.

Página 67

La conocida Confitería o Café Torres, ubicada en la Alameda Bernardo O'Higgins y que visitan John y Neumann, fue fundada en 1879 y se especializa actualmente en comida chilena. En la web oficial del café se puede leer: «Una familia de la aristocracia santiaguina tenía un mayordomo, José Domingo Torres, famoso por su buena mano para preparar mistelas, alfajores, faisanes, civet y otras exquisiteces. Por lo que este afamado

El Café Torres. Dicen que aquí nacieron los populares Barros Luco y El cola de mono.

cocinero era solicitado en préstamo por otras dueñas de casas amigas de la familia. Llegó a tal extremo esta situación, que el patrón, aburrido de no contar casi ya con sus servicios, decidió instalarle "un negocio propio" en el palacio Íñiguez. El lugar ha servido habitualmente como centro de reunión para políticos e intelectuales chilenos. Se dice que aquí se crearon el Barros Luco (sándwich de carne y queso fundido) en honor al presidente Ramón Barros Luco y el "cola de mono", trago típicamente navideño (mezcla de leche, café, aguardiente y, preferentemente, clavos de olor)».

Página 81

«Juístete», la canción que escucha Marcelo, el taxista, pertenece al conocido humorista chileno de origen argentino Edmundo Arrocet von Lohse, más conocido como Bigote Arrocet, quien con tan solo 21 años de edad se presentó por primera vez, y con gran éxito, en 1971 en el Festival de la Canción de Viña del Mar.

Arrocet, que editó el single de esta canción en 1971 para RCA Víctor, permite esta escucha en la radio del auto de Marcelo, el taxista, que bien podría haber sido fan del humorista que volvió al escenario viñamarino en 1974, esta vez para cantar «Libre» del cantante español Nino Bravo, gesto que se interpretó como un homenaje a los miembros de la junta militar presentes en el evento. El artista, radicado actualmente en España, ha desmentido esa lectura: «Fue una canción popular del momento, que sirvió para homenajear a un grande de la música como fue Nino Bravo [...] sin fijarme en las interpretaciones políticas poste-

El éxito de Bigote Arrocet fue editado por RCA Víctor en 1971.

riores [...] Que cada cual diga lo que desee [...] que se pasen la película que quieran», refirió el humorista al diario *La Cuarta*, el 14 de noviembre de 2004.

Página 89, 90 y 91

Parte de la conversación que John mantiene con los dibujantes y guionistas Hernán Vidal «Hervi» y Alberto Vivanco en las oficinas de Quimantú está basada en una larga entrevista que hice a este último. Un fragmento de ella se publicó en 2011 en el libro recopilatorio *La Chiva ¡y que jué!* (Feroces Editores, 2011). En la viñeta 2 de la página 91 destaca un número especial (y muy difícil de encontrar) de *La Firme*, número 42, titulado: «En el filo de la navaja». La publicación, por primera vez exenta de humor, no fue realizada por el equipo habitual de la revista y me fue facilitada por Mauricio García, investigador y director del Museo de la Historieta de Chile. Mi sorpresa fue grande cuando al leerlo descubrí que narraba las aventuras de Jan Olssen, corresponsal de un diario de Copenhague, y de su colega local, Cecilia Ramos, en el Chile de septiembre de 1970 y

La edición especial de *La Firme*, una oportunidad para hablar de Quimantú.

de su relación con los hechos y personajes del escándalo CIA-ITT. La historieta no acredita guionista, pero el trazo acusa dibujos de Roberto Tapia Tom (Dr. Mortis), probablemente también de Onofre Díaz (Archivo «S»), Manolo Ahumada (Dr. Mortis), Juan Francisco Jara (Mawa) y tal vez de otro par de dibujantes más. Dibujar colectivamente una misma historieta o cómic era una práctica habitual para lograr llegar a los acotados plazos de entrega. La potente historieta chilena sufrió un proceso de cambios y profunda revisión ideológica durante la UP.

Baste para ello la estudiar la edición de 1972 de *Para leer al Pato Donald*, de Ariel Dorfman y Armand Mattelart, que proponen una lectura «descolonizadora» y marxista de las historietas Disney. «Ese libro fue escrito en un momento de lucha social en Chile y dentro de una revolución que intentó cambiar todo», recuerda Dorfman en una entrevista concedida a la *Revista Ñ* en 2009. «Se escribió en diez días, en el calor de la lucha por la supervivencia. Y yo diría que si uno mira la obra del Pato Donald, no como problema ideológico sino como forma de escritura, es una apropiación latinoamericana de un mito norteamericano». Hay muchas tesis sobre el humor gráfico y la UP, pero muy pocas sobre la producción historietistica de Quimantú. Un profundo análisis crítico de la relación entre la Unidad Popular y la historieta es una deuda pendiente.

Osvaldo Romo, a la izquierda: de dirigente vecinal a torturador.

Página 92 y 93

Durante el gobierno de la Unidad Popular, Osvaldo Romo (1938-2007) fue militante de la Unión Socialista Popular (USOPO) y un conocido dirigente vecinal de la población Lo Hermida. Tras el golpe de Estado delató a militantes de izquierda de diversas poblaciones de Santiago a los que había conocido en sus labores políticas. Luego formó parte de la Dirección de Inteligencia Nacional (DINA) y se convirtió en uno de los más

La misteriosa aparición de un False Flag, agentes clandestinos en el Chile de Allende.

despiadados torturadores de la dictadura militar.

La difundida entrevista que concedió en 1995 a la prestigiosa periodista Mercedes Soler para *Primer Impacto* de la cadena Univisión, es más que elocuente:

—¿Volverías a hacerlo? ¿Lo harías igual?

—Claro, lo haría igual y peor. Yo no dejaría periquito vivo [...] Fue un error de la Dina. Yo siempre le discutía a mi general: «no deje a esa persona viva, no lo deje libre». Ahí están las consecuencias.

—Sobre arrojar los cadáveres de los detenidos al mar...

—[...] Ahora Chile no es un mar para tirar cadáveres, porque es torrentoso, es violento [...] Tirarlos en un cráter de un volcán sería mejor [...] ¿Quién va a ir a buscar a un cráter de un volcán? Nadie.

Página 95

Peter Kornbluh en *Los EEUU y el derrocamiento de Allende* (Ediciones B) describe como la CIA movilizó un pequeño grupo de False Flaggers, agentes clandestinos en el Chile de Allende.

«Estos agentes», escribe Kornbluh, «seleccionados por su capacidad para

adoptar una nacionalidad no estadounidense [...] operaban bajo una extrema clandestinidad, fingiendo ser latinoamericanos de habla hispana». Esta idea es la que gatilló la presencia de este misterioso agente que contacta con John.

Página 97

Este concierto al que asisten John y Claudia bien pudo realizarse efectivamente en 1972. Ese año, varios solistas y grupos de La Nueva Canción Chilena, entre ellos Quilapayún, realizaron cada jueves una serie de conciertos gratuitos en el céntrico cine Gran Palace.

Así lo atestiguan el sitio memoriachilena.cl, que exhibe una fotografía publicitaria del grupo en que anuncia un próximo concierto en la revista juvenil Ramona de 1972. Este hecho es ratificado también por el investigador del Programa de Estudios Histórico Musicológicos de la Pontificia Universidad Católica de Chile César Albornoz en el volumen *Cuando hicimos historia: la experiencia de la Unidad Popular* (LOM), coordinado y editado por Julio Pinto Vallejos.

Página 99

El libro que puede verse sobre la mesa, mientras John observa a Luis Hernández

El destacado periodista Luis Hernández Parker y el libro de Pinochet.

Parker, me pareció una imagen interesante para rubricar las palabras del destacado periodista chileno.

Se trata de *La Guerra del Pacífico*, escrito en 1972 por el entonces general de división Augusto Pinochet. Al respecto, el diario Puro Chile, fechado el 13 de octubre de 1972, escribe que Pinochet es: «un distinguido oficial de Estado Mayor y profesor de academia que ha escrito varios libros muy interesantes y didácticos sobre temas castrenses [...] los cuales han interesado también a los lectores civiles, por el gran conocimiento y pedagogía con que desarrolla sus materias; por su lenguaje objetivo y claro, y porque siempre se encuentran en ellos un gran fondo e interpretaciones trascendentes». En una de las tantas sincronías que sucedieron a lo largo de la escritura del guión de esta novela gráfica, el volumen se me presentó en el momento justo en la vitrina de una librería de viejos en la calle Merced, a solo un par de cuadras de mi departamento, el que se ubica, casualmente, entre dos polos opuestos: Por un lado limita con un departamento usado como oficina en algún momento de su vida por Salvador Allende y por el otro, con el palacio Bruna, consulado de Estados Unidos.

John y False Flag se citan en el desaparecido cine King.

Página 101

Cómo muchos de ustedes habrán notado, la forma que John utiliza para comunicarse con False Flag es una simplificación del método usado en una de mis películas de paranoia setenteras favoritas: *All the President's Men* (Todos los hombres del presidente), thriller político de 1976 sobre el caso Watergate, dirigido por Alan J. Pakula y protagonizado por Dustin Hoffman y Robert Redford.

La otra cita cinematográfica recae sobre la por ese entonces popular actriz erótica de nacionalidad franco-italiana Edwige Fenech, y obedece a que habitualmente sus films se ofrecían en la cartelera del desaparecido cine King. El film aludido, *Lo strano vizio della Signora Wardh*, es de 1971.

Página 102

Las razones que esgrime nuestro False Flag para entregar información secreta a John han sido inspiradas por las declaraciones del espía alemán Markus Wolf de la República

Democrática Alemana sobre sus operaciones en Chile. Las alusiones a la participación de Brasil en la conjura por derrocar a Allende y en el posterior apoyo a la dictadura militar chilena se apoyan en información desclasificada del Archivo Nacional de Brasil y publicada en julio de 2012 por el Folha de Sao Paulo. En ambos casos, sugiero remitirse a la *Historia del 11 de septiembre de 1973* (Roberto Silva, Catalonia, 2013).

«Brasil también hace lo suyo.»

Página 111

La primera viñeta de esta página es una versión de la famosa fotografía de Marcelo Montecino que retrata a Víctor Jara y sus camaradas en la última gran manifestación de la Unidad Popular. Una vez más el testimonio fotográfico ha venido en ayuda de la reconstrucción histórica.

Reconocemos aquí la enorme deuda que nuestro libro tiene con el trabajo de muchos fotógrafos chilenos y extranjeros (Luis Poirot, Luis Orlando «Chico» Lagos, Fernando Velo, Juan Gallardo Ángel, Horacio Villalobos, Chas Gerretsen y muchos otros, algunos de ellos anónimos personajes tras de la portada de un diario o de una revista). Algunas de esas fotografías fueron revisitadas por el dibujo de Rodrigo Elgueta y las escogimos en virtud de ese eterno estatuto de presente que poseen y que siguen estremeciendo y comunicando gracias a esa atemporal cualidad de «estar ahí» del soporte fotográfico. Como bien apunta Susan Sontag, en involuntaria sintonía con nuestro objetivo historietístico, «lo que suministra la fotografía no es sólo un registro del pasado sino una manera nueva de tratar con el presente».

Página 112

La exposición de carteles antifascistas a la que alude John iba a realizarse efectivamente en la mañana del 11 de septiembre de 1973 en el frontis de la casa central de la Universidad Técnica del Estado (UTE), actual Universidad de Santiago. La muestra, titulada «Por la vida... siempre!», formaba parte de las Jornadas Antifascistas organizadas por la UTE y su Federación de estudiantes, iba a ser inaugurada por Salvador Allende (se sabe que el mandatario pretendía aprovechar la oportunidad para anunciar el esperado ple-

Víctor Jara en la última marcha de la UP.

La muestra titulada «Por la vida... siempre!».

biscito) y se contaba con la presencia del cantautor Víctor Jara (pese al golpe, y contra toda advertencia, el músico se dirigió al lugar y fue detenido allí junto a estudiantes, funcionarios y académicos y trasladado luego al Estadio Chile).

Los 18 carteles de gran tamaño fueron creados por el Taller Gráfico de la UTE y en su desarrollo participaron Mario Navarro, Enrique Muñoz, Ricardo Ubilla, Elías Greibe, Omar Rojas, Pablo Carvajal, Federico Cifuentes, Carlos Acuña, Héctor Moya, René Quijada, Hernán Torres, Washington Apablaza y Juan Polanco. En 2011, el Museo de la Memoria y los Derechos Humanos rescató la emblemática muestra bajo el nombre de «Por la vida... Siempre! 1973», exhibiendo después de 38 años una reconstrucción del material que fuera destruido por los militares.

Página 114

El historiador Jorge Magasich hace notar, en un artículo publicado en el número 144 de *Le Monde Diplomatique* de septiembre de 2013, un sutil pero importante error que persiste en algunas transcripciones de este párrafo del último discurso de Allende: «Trabajadores de mi Patria: tengo fe en Chile y su destino. Superarán otros hombres este momento gris y amargo, donde la traición pretende imponerse. Sigan ustedes sabiendo que, mucho más temprano que tarde de nuevo (se) abrirán las grandes alamedas por donde pase el hombre libre, para construir una sociedad mejor».Para el historiador anteponer el pronombre «se» al verbo «abrirán» altera las palabras de Allende: «dicho así las grandes alamedas se abrirán por sí mismas», escribe Magasich, «cuando en realidad, Salvador Allende anuncia que serán los "trabajadores de mi patria", el sujeto de la frase, quienes, a través de su acción

La cuestión del pronombre en la transcripción del último discurso de Allende en La Moneda.

La comunicación radial entre Pinochet y Carvajal.

colectiva, volverán a emprender la construcción de una sociedad mejor».

Página 115

Es sabido que los militares golpistas mantuvieron comunicaciones radiales de coordinación el 11 de septiembre de 1973. Las conversaciones entre Pinochet (ubicado ese día en el comando de Telecomunicaciones del Ejército), Leigh y Carvajal, fueron interceptadas y grabadas por un radioaficionado.

Permanecieron 25 años sin ser escuchadas hasta que fueron reveladas por la periodista Patricia Verdugo en su libro CD *Interferencia secreta* (1988). Hasta hoy, la desafortunada frase de Pinochet que alude a la caída «accidental» del avión que le ofrecerían a Allende para salir del país sigue despertando controversia, «desconociéndose hasta la fecha si se trataba de un plan para matar al todavía presidente de Chile o si era sólo una broma macabra», como señala una nota en la web de *BioBio Chile*, fechada el martes 11 de septiembre de 2012.

Página 120

El texto forense reproducido aquí parcialmente, y que se mantuvo como documento secreto por más de 20 años, fue publi-

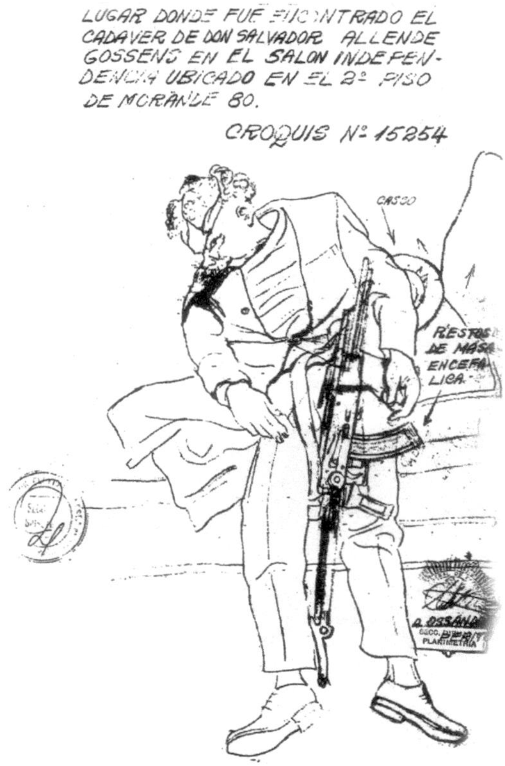

El croquis Nº 15254.

cado íntegramente y por primera vez en la primera edición del notable volumen de la periodista Mónica González *La Conjura: los mil días del golpe* (Catalonia, 2000). Los extractos que pueden leer aquí han sido tomados de las conclusiones del informe de autopsia número 2449/73, efectuado entre las 20 hrs. y la medianoche del mismo 11 de septiembre en el Hospital Militar por los doctores José L. Vásquez F. y Tomás Tobar Pinochet y con la asistencia del auxiliar especializado del Instituto Médico Legal, Mario Cornejo Romo. El dibujo del cuerpo de Allende corresponde al croquis número 15254, que a diferencia del croquis número 15253, muestra la posición original del fusil AK 47 de Allende, antes de que fuera cambiado de posición por el doctor Patricio Guijón Klein, el primero en descubrir el cuerpo del Presidente.

Por años, muchos fueron los que cuestionaron la tesis del suicidio de Allende, sosteniendo la actuación de terceros en su muerte. El 7 de enero de 2014 la Corte Suprema dictaminó el sobreseimiento de la investigación sobre la muerte de Allende, determinando que él mismo se quitó la vida el 11 de septiembre de 1973 en el Palacio de la Moneda. La resolución ratificó en todas sus partes lo dictaminado en septiembre de 2012 por el juez Mario Carroza, quien estuvo a cargo de la investigación desde enero de 2011. No obstante son muchos los que aún dudan de esta versión de los hechos. Los restos de Salvador Allende, exhumados en mayo de 2011, volvieron a recibir sepultura en una ceremonia privada celebrada en el Cementerio General de Santiago de Chile el 8 de septiembre del mismo año.

Bibliografía

ALLENDE, SALVADOR, *Abrirán las grandes alamedas: discursos*, LOM, Santiago, 2003.

CARRASCO, EDUARDO, *Quilapayún: la revolución y las estrellas*, Las Ediciones del Ornitorrinco, Santiago, 1988

CASTILLO, EDUARDO, *Puño y letra*, Ocho Libros, Santiago, 2006.

CAVALLO, ASCANIO y SERRANO, MARGARITA, *Golpe: 11 de septiembre de 1973*, Uqbar, Santiago, 2013.

CORVALÁN, LUIS, *El gobierno de Salvador Allende*, LOM, Santiago, 2013.

CUEVAS, JOSÉ ÁNGEL, *Álbum del ex Chile 1970- 1973*, La Calabaza del Diablo, Santiago, 2008.

CUEVAS, JOSÉ ÁNGEL, *La novela del golpe*, La Calabaza del Diablo, Santiago, 2013.

Documentos secretos de la ITT, Quimantú, Santiago, 1972.

GONZÁLEZ PINO, MIGUEL y FONTAINE TALAVERA, ARTURO (eds.), *Los mil días de Allende*, Centro de Estudios Públicos, Santiago, 1997.

GONZÁLEZ, IGNACIO, *El día que en que murió Allende*, Catalonia, UDP, Santiago, 2013.

GONZÁLEZ, MÓNICA, *La conjura*, ed. act., Catalonia, UDP, Santiago, 2012.

HERNÁNDEZ PARKER, LUIS, *Señores auditores: muy buenas tardes*, ed. de Pamela Hernández y Silvia Hernández, LOM, Santiago, 2010.

KALFON, PIERRE, *Allende: Chile 1970-1973*, Foca, Madrid, 1999.

KORNBLUH, PETER, *Los EEUU y el derrocamiento de Allende*, Ediciones B, Santiago, 2003.

MAGASICH, JORGE, *Allende, la UP y el golpe*, Aún creemos en los sueños, Santiago, 2013.

MONTEALEGRE, JORGE, *Historia del humor gráfico en Chile*, Milenio, Madrid, 2008.

NERUDA, PABLO, *Confieso que he vivido*, Planeta, Santiago, 2000.

NOVOA, MONREAL, EDUARDO, *La nacionalización chilena del cobre*, Quimantú, Santiago, 1972.

PLAZA, VICENTE, *La imagen de los que hablan: aproximación a la percepción de la cultura en el cine chileno*, Facultad de Artes, Univ. de Chile, Santiago, 2010.

SALAZAR, MANUEL, *Chile 1970-1973*, Sudamericana, Santiago, 2003.

SILVA, ROBERTO et al., *Historia del 11 de septiembre de 1973*, Catalonia, Santiago, 2013.

VERDUGO, PATRICIO, *Allende: cómo la Casa Blanca provocó su muerte*, Catalonia, Santiago, 2008.

VICO, MAURICIO y OSSES, MARIO, *Un grito en la pared*, Ocho Libros, Santiago, 2009.

VIVANCO, ALBERTO et al., *La Chiva ¡y que jué!*, Feroces Editores, Santiago, 2011.

Los años de Allende tiene una gran deuda con el trabajo de: Alejandro «Mono» González, Danilo Bahamondes; con las Brigadas Ramona Parra (BRP), Lenin Valenzuela y Elmo Catalán (BEC); con los diseñadores chilenos Antonio y Vicente Larrea, Luis Albornoz, Mario Navarro, Tomás Pérez Lavín, Jorge Soto Veragua, Waldo González, Mario Quiroz, Enrique Muñoz, Ricardo Ubilla, Elías Greibe, Omar Rojas, Pablo Carvajal, Federico Cifuentes, Carlos Acuña, Héctor Moya, René Quijada, Hernán Torres, Washington Apablaza y Juan Polanco; con el cine de Raúl Ruiz, Aldo Francia, Helvio Soto, Patricio Guzmán y Pedro Chaskel; con la música de Isabel y Ángel Parra, Víctor Jara, Patricio Manns, Rolando Alarcón, Payo Grondona, Osvaldo «Gitano» Rodríguez, Quilapayún, Inti-Illimani y muchos más; con los dibujos de Alberto y Jorge Vivanco, Hernán Vidal (Hervi), Pepe Palomo, Jorge Mateluna y toda la producción de la editorial Quimantú; con las fotografías de Luis Poirot, Luis Orlando Lagos, Fernando Velo, Juan Gallardo, Horacio Villalobos, Chas Gerretsen y muchos otros; y con todos los periodistas e historiadores que atestiguaron los agitados años de la Unidad Popular de Salvador Allende.

Esta edición de
Los años de Allende
terminó de imprimirse coincidiendo con el hinchado
de las yemas de los manzanos en marzo de 2018.